2050年
新しい地域社会を創る

「集いの館」構想と生協の役割

公益財団法人
生協総合研究所 編

東信堂

はじめに

小方　泰

1．超高齢・単身世帯社会の到来

日本の二〇～三〇年先の未来についてはさまざまな予測や見方がある。長期になればなるほど予測は難しく人々が集まって論議を始めると百家争鳴になる。しかし「確かな未来」は、人口の視点から見た未来である。二〇五〇年には日本は世界の国でもまれな「超高齢・少子・人口減少・単身社会」になる。国立社会保障・人口問題研究所の試算によると二〇五〇年の日本の総人口は九七〇八万人（二〇一三年当時の予測）となり、現在よりも二割以上減少する。高齢化が進み総人口の約三分の一が七〇歳以上となる「超高齢社会」が到来する。新たに生まれる新生児は年に五六万人と現在の約半分になる。世帯構造を見ても、四世帯に一世帯が六五歳以上のおひとりさま世帯、若年層を含めれば単身世帯が総世帯数の四割を占める「単身社会」となる。要するに「標準世帯」や「家族」という概念がなくなり単身世帯が「標準世帯」になるのである。このような社会になれば元気な高齢者は必然的に地域コミュニティの中でも活躍していくことが求められる。

2. 研究会の目的と提言

生協総合研究所では「確かな未来」が私たちのくらし、地域コミュニティの在り方にどのような変容をもたらすのか、その変容によってどのような課題に直面するのか、どのように向き合い創造的に適応していくのかについて研究を進めてきた。将来の不確定な変化の見通しを論議するのではなく、柔軟に対応できる「確かな未来」を想定して地域社会の暮らしと地域コミュニティを考えてきた。さらに「確かな未来」に対して地域生協は将来どうあるべきなのかの論議を重ねてきた。

二〇一三年から二年間継続した二〇五〇研究会の提言は、日本全国一五〇〇〇の小学校区すべてに、元気な高齢者が運営主体となる、地域コミュニティと日々のくらしを支える「場」を展開する「集い(つどい)の館」構想であった。

その提言を受けて「集いの館」構想の具現化と地域生協のミッション・ビジョンをまとめたのが第二次二〇五〇研究会である。

3. 本書の構成と概要

本書は前述の第二次二〇五〇研究会の委員と関わった方々より専門的な立場から報告をいただいた研究会としての集大成である。

第1部では「なぜ二〇五〇構想と『集いの館』なのか」というテーマに基づきまとめた。

第1章は座長である若林靖永氏が、「集いの館」構想に対するワークショップからみた地域の課題と期待、及び前回提言への回答を含めてまとめたものである。第2章は前田展弘氏より福岡市を例とした地域とまちづくりのあり方の事例報告がされている。第3章では白鳥和生氏より「商助」の最新事情の視点から、当研究会に実践報告をしていただいた全日食チェーンやヤマザキショップの展開についてわかりやすく紹介されている。第4章は天野恵美子氏より買い物難民と共助・商助の視点からの秋田県のフィールド調査に基づく研究成果報告である。第5章はパルシステム東京の辻正一専務理事より具体的なパルシステム東京における地域活性化の取り組みと進捗状況の報告である。

第2部は二〇五〇年―地域生協ミッション・ビジョンの提言と題し、委員と報告者より提言の根拠と理由を具体的に展開している。

第6章では近畿大学経営学部の玉置准教授が現在のミッション・ビジョンをデータマイニングで比

CO-OP

集いの館
CO-OP

較するというテーマで、地域生協と主要チェーンとの比較研究について述べている。

第7章では第二次二〇五〇研究会の事務局である渡部博文が二〇五〇年の情勢予測と新たな事業戦略というテーマでSWOT分析とさらにクロスSWOT分析について記述している。第8章は日向祥子氏より、そもそもミッション・ビジョンとは何かの提起をしていただいた。第9章では当研究所研究員の鈴木岳が過去の協同組合理論を紐解き、協同組合論からみた地域社会での関わり方について報告している。第10章は若林靖永氏より以上の研究成果を踏まえた具体的な二〇五〇年―地域生協ミッション・ビジョンの提言である。

最後に前回の二〇五〇研究会の委員であった若林靖永、樋口恵子、宮本みち子、松田妙子の四氏による座談会を行ったのでその一部を掲載した。各自より「集いの館」の取り組みや全国の地域生協への期待が述べられている。

二〇五〇年の未来は不確定要素が多々あるが、超高齢化・少子・単身社会の到来は避けられない。生協のこれからの方向性にもさまざまな議論がある。将来の地域社会のあり方と生協の役割について、本書が読者の考える起点になれば幸いである。

目次　二〇五〇年 新しい地域社会を創る――「集いの館」構想と生協の役割

「集いの館」イラスト　宮﨑直子

地域生協のはなし

1．生協とは

生協（生活協同組合）は農協（農業協同組合）や漁協（漁業協同組合）などの「協同組合」の一つで生協法（消費生活協同組合法）に基づき設立された組織である。利用者である消費者一人ひとりが出資金を出して組合員となり、意思決定や運営に参画して、事業や活動を通してよりよいくらしを実現することを目指している。生協の略称としてよく使われる「CO・OP」は協同を意味するCo-operative（英語の場合）が由来である。

生協法において生協の事業は「組合員のくらしに奉仕するものでなければならず、営利目的に事業を

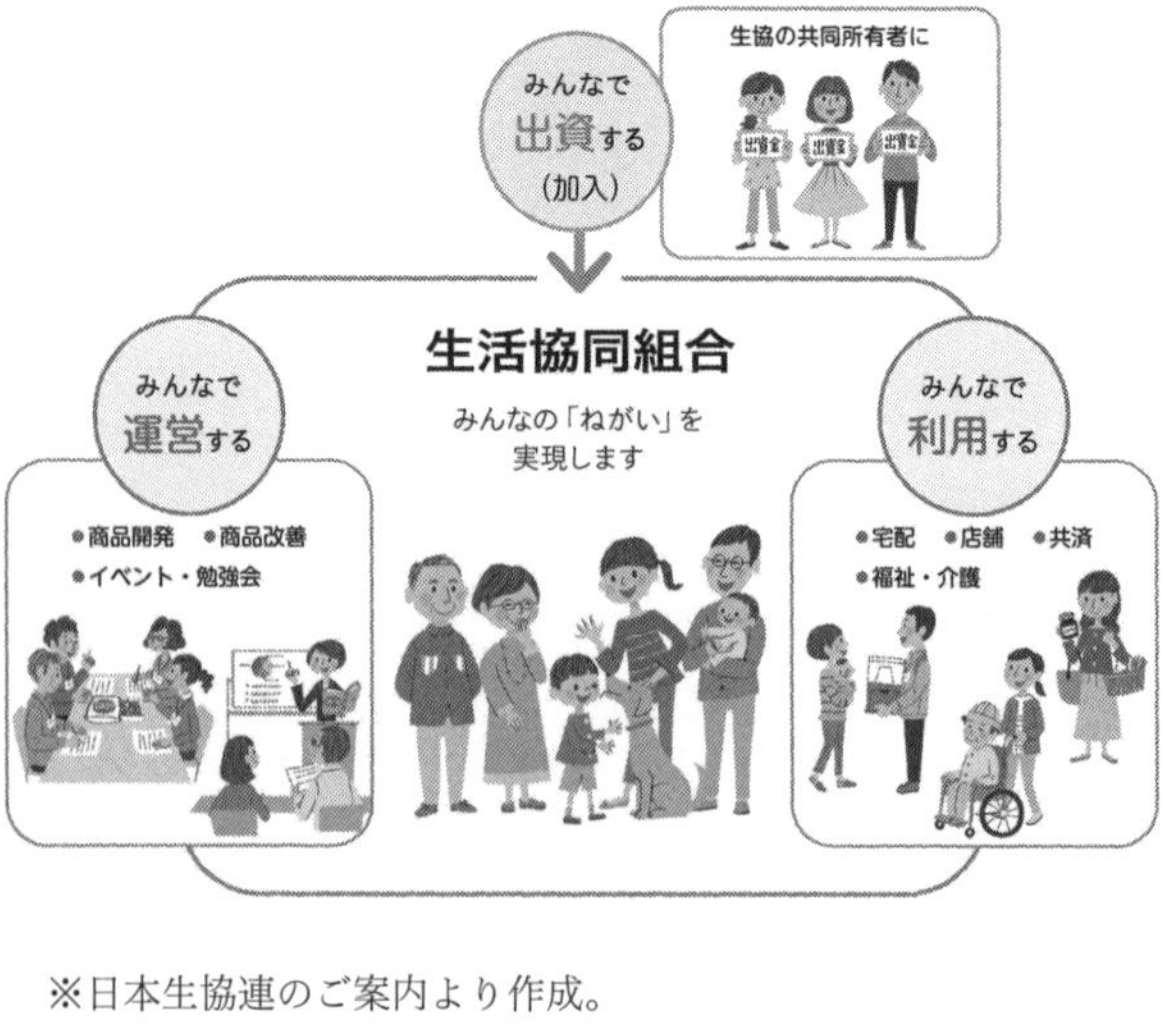

※日本生協連のご案内より作成。

行ってはならない」、生協の組合員は「経済的・文化的なメリットを享受する権利と、生協の運営に参画する権利を持つ」とされている。

2. 生協の種類と運営

全国にはさまざまな分野で活動している約六〇〇の生協があり、それぞれが独立した法人として運営されている。すべての生協の組合員数を合計すると約二八〇〇万人で、生協は日本最大の消費者組織となっている。

生協の種類として、地域を活動の場として生活に必要な商品・サービスの供給（販売）等を行う生協（地域生協）、医療事業を行う生協（医療福祉生協）、大学の学生や教職員のための生協（大学生協）、共済事業を行う生協（共済生協）などがある。

それぞれの生協ごとに、組合員が参加して事業方針などを決定する総代会（ないしは総会）を持ち、総代会で選ばれた理事会が重要事項を決定し業務執行を監督している。

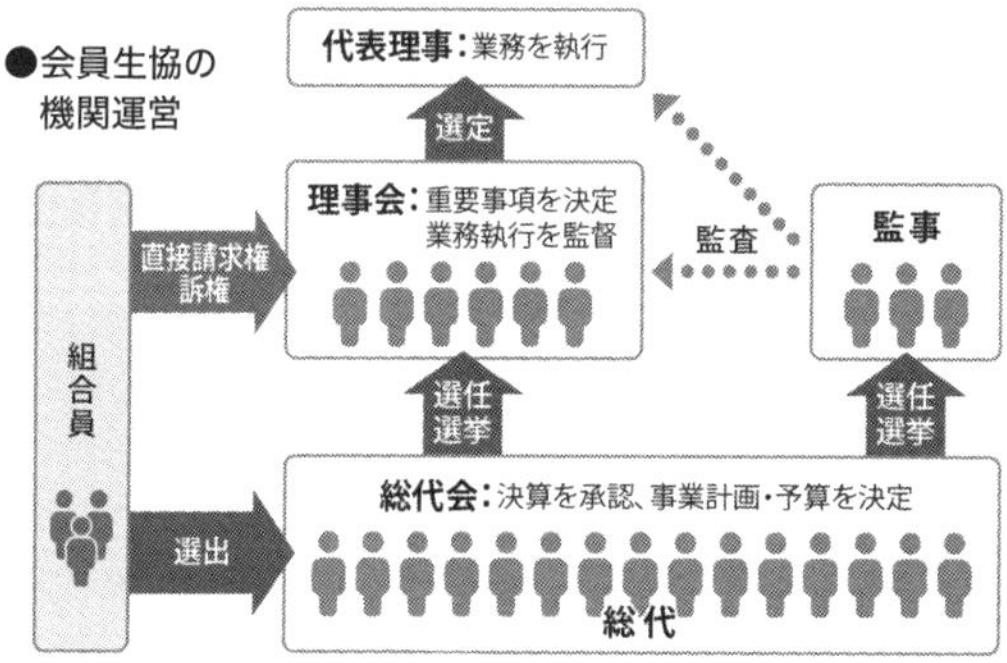

※日本生協連のご案内より作成。

3. 地域生協とは

(1)地域生協について

地域生協は地域を活動の場として店舗事業と宅配事業での商品供給(販売)、共済事業、福祉事業等に取り組んでいる。また、組合員が取り組む様々な活動を通して社会的な課題の解決のための取り組みを行っている。

(2)地域生協の主な事業

①店舗事業

大型店舗からコンビニサイズの小さなお店など全国各地に、さまざまなタイプの店舗がある。店舗ではコープ商品をはじめ、産直野菜や生鮮食品など、毎日のくらしに必要な商品を多数揃えている。

②宅配事業

宅配は決まった曜日に自宅や職場に商品を届ける仕組みである。生鮮品から日用雑貨まで生活に必要なものを取り揃え、生協独自

地域生協の概況(2017年度推計)

会員地域生協数	126生協
組合員数	2,217万人
店舗事業供給高	9,250億円
宅配事業供給高	1兆6,567億円
組合員出資金	6,200億円
店舗数	917店
世帯加入率	37.0%

※日本生協連総会資料より作成。
※生協数と組合員数以外は主要な65生協の集計値。

の仕様で生産している安全で安心なコープ商品や赤ちゃん向けの商品、アレルギー対応食品、家具や衣料品など、くらしに役立つさまざまな商品を提供する。食事作りが困難な高齢者などを支援するための夕食の宅配サービスも行っている。

また、自治体等と協定し配達の際に担当者が家庭の異変に気付いた場合に連絡・通報を行う「地域見守り活動」の取り組みも多くの生協で行われている。

③共済事業

ケガや病気・災害など「もしも」のときに備える医療保障、生命保障、住宅や家財の保障などの商品を扱っている。

④福祉事業

訪問介護や通所介護、小規模多機能型居宅介護等の在宅介護サービスを中心とした福祉事業を行っている。また、高齢者の住まい系サービス事業としてサービス付き高齢者住宅なども展開している。

(3)地域生協の主な活動

①食の取り組み

安全なものを安心して食べたい、健康でありたいという組合員の願いを実現するため、産地見学による生産者との交流、工場見学や料理教室などに取り組んでいる。

②地域社会づくりに参加する取り組み

誰もが安心してくらせる地域社会づくりに向け、組合員どうしが高齢者・子育て中の家庭などへの家事援助を行う「くらしの助け合い活動」、地域の誰もが参加できる「ふれあいサロン」、子育て中の親子が気軽に集える「子育て広場」などに取り組んでいる。また、フードバンクへの協力、子ども食堂の運営や支援等にも取り組んでいる。

③地球・未来を考える取り組み

「平和とよりよい生活のために」という理念のもと、被爆・戦争体験を聞く集いなどの平和活動、世界の子どもの命と健康を守るユニセフへの支援活動としての募金などに取り組んでいる。

④環境の取り組み

持続可能な社会を実現するため、マイバッグ持参・レジ袋削減、環境に配慮したコープ商品の開発・利用促進や、太陽光発電を中心とした再生可能エネルギーの普及等に取り組んでいる。

参考文献

『日本生協連のご案内二〇一七―二〇一八』
『生協の社会取り組み報告書二〇一七』

（渡部　博文）

二〇五〇年　新しい地域社会を創る―「集いの館」構想と生協の役割

第１部

なぜ 2050 構想と「集いの館」なのか

第１章　「集いの館」構想地域ワークショップからみた地域の課題
——前回提言への疑問に対する回答を含めて　（若林靖永）

第２章　「地域力」を創るまちづくりのあり方
——「おたがいさまコミュニティ」の事例から　（前田展弘）

第３章　もうひとつのキーワード『商助』の最新事情　（白鳥和生）

第４章　買い物弱者と共助・商助　（天野恵美子）

第５章　パルシステム東京における取り組み　（辻　正一）

第1章 「集いの館」構想地域ワークショップからみた地域の課題

――前回提言への疑問に対する回答を含めて

若林 靖永

1．「集いの館」構想の要点

二〇一三年四月から二年間すすめられた生協総合研究所「二〇五〇研究会」の研究成果は、若林靖永・樋口恵子編『二〇五〇年 超高齢社会のコミュニティ構想』岩波書店、二〇一五年（以下、『二〇五〇年構想』）にまとめられた。

『二〇五〇年構想』では、今後の長期的環境認識として下記の一三点を指摘した。

①超少子高齢・人口減少社会の継続、②おばあさんの時代、③高齢単身世帯が標準世帯、④従来の家族の変容ないし崩壊、⑤元気な高齢者、⑥大介護の時代（特に大都市部では介護支援者が大幅に

不足する）、⑦空き家の激増、⑧自治体の「消滅」と統合、⑨高齢者の多様なニーズと就労（定年のない雇用制度）、⑩台所・食卓の変化（包丁のない台所）（高齢者の食生活においては、自ら料理して食事するスタイルは減少）、⑪「支える側」が支えられ「支えられる側」が支える側に（二分法の終わり）、⑫ジェンダー格差の解消、⑬商助の重要性（公的福祉の整備に加えて、民間による助け合い、特に持続可能なビジネスモデルとしての助け合い（商助）の仕組みが地域に構築されていくことが求められる）（『二〇五〇年構想』、一二一一四ページ。）

この状況認識に基づいて、そこにはどのような課題・ニーズが存在するか、その課題を解決しニーズを満たすためにはどのような方策・手段が考えられるか、という問いに対する、一つの地域の課題を解決するソリューションとして生まれたのが「集いの館」構想である。『二〇五〇年構想』が提案した「集いの館」構想の要点は以下の通りである。

「すべての小学校区、元気な高齢者、そして「集いの館」。この三つが提言「二〇五〇年　超高齢社会のコミュニティ構想」の柱である。全国一五〇〇〇の小学校区すべてに、元気な高齢者が運営主体となる、九〇坪の「集いの館」を展開する。「集いの館」はその日の食べものと日用医薬品を提供するコンビニ業態三〇坪の「お店」、ワンストップであらゆる暮らしに関わる相談に応じる「よろず相談デスク」、ゼロ歳児から百寿者まで老若男女だれもが気軽に立ち寄り、触れ合い、支え、支えられ、のんびりと過ごすことのできる「フリースペース」六〇坪で構成される。「集いの館」は血縁ではなく地域の結縁で生まれる「地縁」家族の「家」でありプラットフォームである。元気な高齢者がチームを組んでお店を運営し、あらゆる暮らしの相談に応じ、日常生活上でサポートを必要とする高齢者、子育てファミリー、幼児、学童を支える。それが「集いの館」のビジネスモデルと組織モデルの核心だ。」（『二〇五〇年構想』、五ページ。）

「集いの館」は第一に、地域における多世代が交流するプラットフォーム、社会システムである。この点について松田妙子は『二〇五〇年構想』でつぎのように具体的なイメージを描いている。

「やはり街のいろんな人が集まる場に出会えてよかった。子どもの名前をみなさんが覚えてくれて、一緒に成長を見守ってもらえるのも喜びの一つ。子育ての初めの一歩で集いの館とのつながりができると本当に心強いはず。…実家の母も、一人暮らしをしながら集いの館にバックアップしてもらえていると思うと、私もここで、支援してもらいつつ、自分が誰かの助けになるといいなと思えるようになった。昔はなんでも一人でできることがかっこいいと思っていた。けれど、「助けて！話をきいて！」と気軽に言える関係があるのが大事なのだとわかった。普段から地域

の人たちとつながっていることで、いざという時に頼んでみようかな、と思えるのだ。」〈松田妙子〉
（『二〇五〇年構想』、九四、九五ページ。）

最初からこのような活発で豊かであたたかな多世代交流の地域社会システムが形成できるわけではない。そのような社会システムは、現代の日本において都市部、地方部で状況の違いがあるとはいえ、十分には存在しない。逆に、「集いの館」構想はこのような社会システムを構築していくことがその大きな目的、成果物である。そのことを考えると、まず「商圏」「地域の社交圏」を検討すると、原則として「小学校区」単位のエリアで展開することがもっとも望ましいというように主張している。小学校に通う子どもたちとその親たちの関係性、小学校でのさまざまな地域の行事、自分や子どもが小学校を卒業したという母校という親しみなど、地域における小学校は地域システムの重要な結節点でありうる。

「集いの館」は第二に、地域の人々のニーズに応える、地域の人々が支える事業システムである。この点について、白鳥和生は『二〇五〇年構想』でつぎのように具体的なイメージを描いている。

「集いの館は、言い換えれば「コミュニティ型コンビニエンスストア」である。……いわば地域のプラットフォームであり、さまざまに存在する企業や団体・個人を結ぶハブ＆スポークの役目を果たす。……集いの館は標準的な売り場と効率的な店舗運営で規模の拡大を追求するチェーンストアとは違う存在（地縁ストア）であり、幅広いネットワークを持つのが特徴だ。地縁に縁や絆をつくるという視点を持てば、新たなサービス、店づくりのヒントも浮かぶはず。そうした視点で集いの館のビジネスモデル（業態）確立を図りたい。」〈白鳥和生〉（『二〇五〇年構想』、一〇七、一二二、一二九ページ。）

「集いの館」についてコンビニエンスストアをイメージするかもしれないが、それとは異なるビジネスモデルを開発する必要があるという構想である。コンビニエンスストアのフランチャイズシステムのように、各店舗を支える本部機能があることは重要である。「集いの館」が提供するサービス・事業、すなわち、その日の食べものと日用医薬品を提供するコンビニ業態三〇坪の「お店」、ワンストップであらゆる暮らしに関わる相談に応じる「よろず相談デスク」などについては、このような本部機能によって支援されることで確立することが可能になるだろう。それとともに、地域の内外の個人や団体によってこれらのサービス・事業が支えられるというモデルを追求することが重要である。

「集いの館」は第三に、地域の人々によって運営される。実務・運営の担い手については、前田展弘は『二〇五〇年構想』でつぎのように具体的なイメージを描いている。

「二〇五〇年の未来、日本は確実に成熟した〝生涯現役社会〟になっていなければならない。七〇歳になっても八〇歳になっても、誰もが地域社会の中で活き活きと活躍し続けられる社会だ。この社会の実現は、本格的な少子高齢社会を迎えるわが国にとって、極めて重要かつ喫緊の課題であり、二〇五〇年に実現していないということは考えられない。二〇五〇年には、年齢にかかわらず、誰もが活躍し続けることが〝当たり前〟の社会になっているであろう。」〈前田展弘〉

（『二〇五〇年構想』、一二六ページ。）

〝「集いの館」〟の実務・作業・運営を実際に中心的に担うのは「生涯現役社会」、つまり「元気な高齢者」を中心に、地域のさまざまな人たちが関与することを想定している。「元気な高齢者」が活躍できる、「元気な高齢者」が地域に「居場所」が見いだせるというような場づくりとして、「集いの館」構想は位置づけられるのである。そして、その運営、どのような「集いの館」をつくっていくかというデザイン、「集いの館」で生じた問題や課題についての解決については、地域の人々が自ら検討して取り組んでいく。「地域の、地域による、地域のための」制度・事業が「集いの館」の基本的な位置づけである。

このように「集いの館」、地域の人たちのニーズや思いから出発し、地域の人たちがそれを担っていくという「コミュニティビジネス」であり、そこではまず、地域の高齢者ほか多世代のさまざまな住民が集うという関係性が育まれ、再生産されていくということが基礎になる。その上で、地域の高齢者ほか多世代のさまざまな住民が運営・サービスを担うという関係性が展開され、「集いの館」という場所・サービスを契機に人と人がつながっていく。つながりのなかで、新たな課題や新たな支援のニーズなどを契機に、地域の個人・団体、外部の個人・企業等が連携・参画するという関係性が形成される。こうした重層的な関係性が正のスパイラルで地域社会に広がり再生産されていくという社会プロセスこそが、「集いの館」を成立させるものであり、そして「集いの館」が生み出す成果物である。

2. 第二次二〇五〇研究会における地域ワークショップの展開

「集いの館」構想は地域における新たなコミュニティの再建によって超高齢社会において全世代が「社会的包摂」されるようにしようという意欲的な提案である。全国各地での講演会等で、青年やシニア層の生協組合員や職員等に本書を読んでいただいて、どういうように受け止めたかについて語っていただくパートをつくったりしたが、多くの青年は自分たちの未来の問題であると前向きに受け止め、シニア層は今すぐ取り組むべきだという感想も出された。同時に、ビジネスとして実現可能なのか、どのようにすすめていったらよいのか、地域生協の事業としての位置づけが見えないというような疑問も出された。

そこで、二〇一六年四月から第二次二〇五〇研究会を開始することとなった。「集いの館」構想はそれぞれの地域の状況に合わせて、それぞれの地域の関係者が自らデザインし、自らの行動で実現していくものである。したがって、第二次二〇五〇研究会では、第一に、「集いの館」構想を、それぞれの地域にあった事業構造とコミュニティ構想に基づき具体的に提言することを目的とした。変化する時代状況に対する戦略的な挑戦として「集いの館」構想は位置づけられるので、これを地域生協の事業展開とつなげて考えるためには、地域生協のミッション・ビジョンそのものの再検討が求められる。そこで、第二に、将来の地域生協のミッション・ビジョンについて提起し、それとの関係で「集いの館」構想を位置づけることを本研究会のもう一つの目的とした。本章では、そのうちの第一の研究事業についての取り組みと成果について紹介する。

二〇一六年度は、第一の目的である「集いの館」構想を地域に根ざして具体化することをとりあげて、三生協六地域で生協組合員が参加するワークショップを開催した。あらためてご協力いただいた三生協のみなさまには感謝する。三生協で地域ワークショップを開催するにあたって、大きく分けてそれぞれ二箇所での開催をすすめた。すなわち、一つは都市部、もう一つは地方部でエリアを設定した。なぜならば、「集いの館」構想は地域に根ざして具体化することが重要であるという点から、都市部と地方部では地域の住民の関係やニーズ、地域の持つ資源等が大きく異なることが想定されるので、それぞれの状況に合わせた検討・具体化をすすめていく必要があるという理由からである。最初から共通・標準化された枠組みで考えるのではなく、それぞれの地域の実情に合わせてすすめるというのが「集いの館」構想の基本アプローチである。

本構想はワークショップを中心にすすめていくことが重要である。なぜならば、ワークショップを開くことで、地域住民自身の認識に基づいて、地域の関係者の相互理解や発見が広がり、「集いの館」構想の具体的なかたちが見えてくるし、こういう「集いの館のようなもの」をつくりたい、こうやってつくろう、という具体的な、地域の実情に応じた知恵、イメージが出てくるからである。言い換えれば、本構想のカギは「地域住民の、地域住民による、地域住民のための〈集いの館〉(仮称)」という位置づけにある。準備のプロセスから地域住民の参加、納得感で始めなければ、どういうニーズがあるかも、どういう担い手がいるかも分からないし、そしてやろうという情熱、動機づけも生まれないのである。

(1)地域ワークショップの進め方

地域でのワークショップの進め方は以下の通りである。

①参加者は初対面の方も多いため、冒頭にアイスブレイクを行う。今回のテー

ワークショップの開催地と参加人数

生協	パルシステム東京		コープしが		京都生協	
開催地	辰巳	狛江	大津	高島	御所南	福知山
参加人数	11名	6名	28名	23名	16名	16名

マが地域であるので、その際にご自身の地域との関わり方を紹介してもらう。子どもの頃からその地域に住んでいるのか、それとも結婚等で引っ越ししてきたのか、どこの小学校を卒業したか、などについて自己開示してもらう。こうすることで、それぞれの地域のつながり方がメンバーで共有され、それをきっかけに話がはずみやすくなる。

②本ワークショップのねらいと進め方を説明し、簡潔に「地域」というものが変化してきているという説明を行い、テーマを共有する。「集いの館」構想について地域のみなさんで考えて自分たちのアイデアをつくるというゴールについてまず説明する。つぎに、日本の社会の変化の特徴について説明する。

③四～六名のグループで、「居住する地域の良い点」「居住する地域の困り事」について、各々がまず付箋紙に書き出す。つぎに順番にグループ共有の紙に貼りつけながら、発表してもらう。全員が自分の考えを発表した後で、自由に質問や意見交換を行う。相手の考えは尊重し、他人の意見を否定しないことを約束事とする。まず付箋紙に書くというスタイルを入れることで、個人のアイデアをまず考えてみるということを行う。それをすることで、全員が自分の意見をそれぞれ持ち、それをフラットに交流するという場をつくることができる。無理に一つの意見にまとめるのではなく、さまざまな意見があっていい、それを互いに尊重して理解し合おうとする雰囲気をつくっていく。

④各グループでの議論の要点について、全体で報告してもらう。必要に応じて、質問し、地域の良い点や課題について明確にしていく。

ここではファシリテーターが共感したり、「どうしてそう思うのですか」「具体的になにがあったのですか」と問いかけることで、あまり明確ではない記述・発言になっている場合に、より明確な意見になるようにすすめていく。このプロセスを通じて明らかになったことの意味、重みのようなものを参加者は感じるようになる。

⑤次に、「集いの館」構想について簡潔に紹介し、「集いの館のようなもの」について話し合うことについて提案する。「集いの館」のようなものを地域につくってみるという説明をする。つまり、特定のすでに内容が決まっているものとして紹介するのではなく、地域の状況に応じていろいろあっていいという前提で、たたき台を示す。

⑥上の③と同様にグループで、「集いの館のようなものにあって欲しい機能」と「集いの館のようなものに利用できそうなモノやヒト」について話し合う。「居住する地域の良い点」「居住する地域の困り事」を話し合って整理したことで、地域の課題やニーズというものが見えてくるので、それをふまえて、「だったらこういうサービスや役割を提供する〈集いの館のようなもの〉があったらいいな」ということについて話し合う。つぎにそれを実際につくるとしたら、地域にどんな使えるリソースがあるか、誰に相談するか、どんな組織・団体に協力を求めるか、などを話し合う。

話し合いの進め方は③と同様、まず各人が付箋紙に書く、順番に付箋紙を貼りながら説明する、意見交換しながら、自分たちの意見をまとめる、というようにすすめる。

⑦各グループでの議論の要点について、全体で報告してもらう。必要に応じて、質問し、どんな「集いの館のようなもの」が欲しいのか、そのためになにが活用できるのかについて明確にしていく。④と同様にファシリテーターが共感したり、問いかけを行う。また参加者全体からも質問や感想を出してもらう。結論が一つでなくてよいし、正解があるわけではないので、アイデア、見方を広げるというように運営を心がけるべきである。

⑧最後に明らかになったことについてのまとめを行い、ワークショップに参加して学んだこと、気づいたこと、気になることなどについて振り返りを行う。参加者がなにを学んだと感じるか、どのように今日のワークショップを意味づけるかという点でふりかえりの時間は有用である。これについても付箋紙で各人、なにを学んだか、ワークショップの進め方についてどう思うか（改善点があれば）、という二つの問いについて書いてもらって、交流する。全体でも数名に発言してもらい、今日のワークショップがどういう意味があったか、をみなで共有・確認して終わる。必ずしもファシリテーターが強くまとめて整理する必要はない。各人の受け止めを大事にして、「余白」を残して終わる方が望ましい。

地域向けワークショップの流れ

	挨拶（主催生協）
1）	グループ内での参加者自己紹介とアイスブブレイク（自分の地域との関わりなどについて）
2）	本ＷＳの目的の説明および講義（地域の変化と課題について）
3）	グループ交流（参加者の居住地域の抱える課題についてディスカッション）
4）	グループによる全体発表
	休憩
5）	講義（「集いの館」構想について）
6）	グループ交流（集いの館の必要性、こんな集いの館があったら……）
7）	グループによる全体発表と、座長からの講評
8）	振り返り
	挨拶（主催生協）

以上のワークショップについてはすべて若林靖永がファシリテーターとして運営した。このワークショップの制約として、正味の時間は四時間程度、一回かぎりというもとで設計された。本来であれば、実際に集いの館のようなものを地域で具体化をしていくためには、ていねいに一つひとつの問いについてワークショップを行うべきであるし、毎回、いろいろな地域の関係者を招いて輪を広げていくように、回を重ねて行うことが求められる。

⑵地域ワークショップで出された意見など

この地域ワークショップで参加者から発表された、日常感じている困り事と「集いの館のようなもの」がどのような機能を持つことでその解消が可能となるのか、集まった意見を整理したところ、以下のよ

「集いの館」にあって欲しい機能を訪ねた際の回答（要望順）

地域内コミュニティの充実につながる活動が行われている	136
子育てや介護の支援をしてもらえる	40
買い物ができる	39
困りごとの相談ができる	39
食事をすることができる	34
情報の収集・交換ができる	19
趣味に関する活動ができる	18
教育を受け学習ができる	14
地域内での助け合い活動ができる	12
労働ができる	10
健康づくりに資する活動ができる	9
通うのに便利である	5
その他	33

うな機能をもつ場が順に求められていることが明らかになった。

この整理で留意すべきことは、第一に、それぞれの状況の違いがあっても、表層的には類似・共通の課題・ニーズがあげられているということである。「集いの館」のようなものを準備検討していく上である程度の標準パッケージ、参考パターンというものをつくることも有用であることをそれは示唆している。

第二に、都市部や地方部などで、それぞれ状況が違うので、同じような課題・ニーズの記述になっているからといって、同じグループにまとめられるとは言っても、単純に同じであるとは考えない方がよいということである。特に、地域コミュニティの実態、実感には違いがあるようで、都市では高齢者支援など、機能的に地域での取り組みが始まっているのに対して、地方では顔と顔がつながる、身近な存在として地域がとらえられているようである。

第三に、この作業は需要として未だ顕在化してはいないが、潜在的に求められている機能(例：送迎機能、生協の注文書記入への援助)などの発見・探索になった。

第四に、ここで出た意見はいま、見える、想像できる課題やニーズに過ぎないということである。日々の生活で困ったこと、解決してほしいことがあっても、個人化が進み気楽に相談ができる相手のいない社会ではそれらが切迫した状況に至るまで、実際に課題・ニーズとして自覚され、かつ、声としてあげられるということはないと思われる。したがって、「集いの館」のようなものがていねいに地域で活動するなかで、潜在的な困り事について探索し、それを積極的にとりあげて手を差し伸べていくことが求められる。

これらの四つの指摘については、「集いの館のようなものに利用できそうなモノやヒト」をめぐる地域ワークショップでの検討でも同様のことが指摘できる。それぞれの地域の事情が異なっていて、それに応じて使えるリソースは違うのであるが、それでもいろいろな共通性や潜在的な可能性が認められた。たとえば、地方では行政も身近な存在だし、顔と顔がつながる知人が有効なアイデアと出されるが、都市では逆にさまざまなサービスを提供する企業や団体が重要視されている。

⑶地域ワークショップでのアイデアの要点

それぞれの地域においてさまざまなアイデアが出されたが、その共通部分を要約したものが下記の項目である。

①オープン、自由、気軽にいつでも参加できる、個人を尊重
②おしゃべりの場、気軽に相談できる場、便利な買物の場などの機能
③学習会や講習会、娯楽の集まり、体操教室など
④高齢者、子どもと親、小中高校生など、多世代参加・交流
⑤施設等は地域にあるものを上手に活用し、投資はあまりしない
⑥スタッフは地域の高齢者中心で、住民による自主運営
⑦生協等の専門経営組織のバックアップ
⑧行政や関係諸団体とのネットワーク
⑨それ自体が「協同組合」であってもよい

少しコメントを加えると、第一に、旧来型の全員加入で義務的労働が課されるような、旧来型の「共同体」ではなく、加入脱退、参加不参加が自由な「アソシエーション」であることを尊重したいという

意見がすべての地域のワークショップで出されている。個人を尊重するというのはこれからの最重要価値観と言ってよいだろう。第二に、単一課題、単一テーマ、単一機能というような特化・専門化したサービス拠点ではなく、さまざまなニーズに対応する、さまざまなサービスが提供され、かつ、機能だけでなく、おしゃべりができる場を求めている。このことは、第三の、多世代交流を追求するということにもつながっている。包括的で多世代型の、ゆるやかなつながりが広がるものが望ましいと考えられている。第四に、使用できそうな場所、施設、協力してくれる個人、団体についてはさまざまなアイデアが出され、地域にはそれぞれさまざまなリソースがあることが確認できた。これを結びつけることで、小さく始めることが可能である。

3. 前回提言後に出された質問への回答などについて

問い　「集いの館」は超高齢化、大介護時代に対し、介護福祉などの対応はどう位置づけられるのか？

回答　「集いの館」は重度の福祉サービスを提供する拠点として位置づけられるものではないので、それは介護保険のさまざまなサービス等によって支えていくことが基本である。「集いの館」はそこでカバーできなかったりする軽度のサービスを提供し、要介護者や認知症の方が利用参加し支援を受けられる場として位置づけられる。地域に増える単身者の参加の場をつくり、顔と顔が見える関係を広げ、高齢者の健康年齢を伸ばしていくことが「集いの館」の基本的ねらいである。

問い　「集いの館」はビジネスとして採算がとれる、成り立つのか？

回答　三〇坪の超小型店をそれ単体で、採算がとれるというのは現行の店舗モデルの延長線では難しいと思われる。店舗機能については、スーパーなどと併設で、切り離すということも選択肢になります。ただし、小学校区単位での展開を考えると、商品販売機能を小規模でも持たせることが望ましいと考えている。

全体として、採算の問題は具体的なケースとしてシミュレーションすること、そして採算をとるという目標を設定して工夫し続けるということが基本である。まず、固定費として施設について新築、リニューアル含めて大きな投資はそもそも想定していない。運営の担い手、人件費もフル雇用ではなく、パート、あるいは有償ボランティアを考えている。このようにいかに小さく始めるか、を追求しなくてはならない。その上で、物販やよろず相談での保険等仲介サービス手数料等で収益を上げていくことが大事である。

問い　「集いの館」あるいはコミュニティづくりに関わる人を育成するためにはどのようにしたらよいか？

回答　おもに二つのルートがあり、その一つは生協や企業などで専門性を持つ社会人が関わるというルート（「プロボノ」も）であり、もう一つが「集いの館」や町内会などの地域の活動に参加するなかで、担い手として成長関与していくというルート地域の生活者のニーズをとらえられることである。

　コミュニティづくりに関わる人向けの研修プログラムをすすめることも有効である。参加が負担に感じるというスタイルであると、広げていくことの障害となるので、エデュテインメント（教育とエンタテインメントの結合、楽しんで学ぶというアプローチ）と同様に、楽しむことになるスタイルの創造・開発が重要である。

問い　「元気な高齢者」が「集いの館」を担うということは本当に可能か？

回答　まず、「元気な高齢者」にとって活躍できる場がなかなか不足しているという状況のなかで、その機会を提供し、有償ボランティアないし非正規雇用として関わってもらうというのが「集いの館」である。そのため、今後、「元気な高齢者」は原則として「働き続ける」ということが広がると、地域の活動や「集いの館」に関わる「元気な高齢者」が不足するということもありえる。毎日ということはなく、週一日参加などの機会をつくって、「元気な高齢者」がそれぞれの事情や希望に応じて関われるようにしていく。そして「元気な高齢者」だけではなく、地域のさまざまな人たちが分担して担えるようにしていくように考えるべきである。必要な業務・仕事に合わせて人を採用するという考え方を逆転させて、それぞれの人に応じて、できること、がんばってみたいと思うことに合わせた業務・仕事をつくっていくように努めることが望ましいと思われる。

問い　小学校区をベースに「集いの館」をつくっていく上で、都市部であれば機能するだろうが、地方部では難しいのではないだろうか？

回答　都市と地方には異なる条件がある。これは地域ワークショップの実践を通じても明らかになった。地方では、都市とは異なり、相対的に人と人のつながりがあり、地域の資源の活用ができる環境があるようであり、「集いの館」のようなものをつくっていく条件がある。特に中山間地では、奈良県吉野郡川上村の「一般社団法人かわかみらいふ」(行政主導。ならコープによる宅配委託。総務省「地域おこし企業人交流プログラム」にもとづき生協職員を派遣)のように、不足している地域支援の機能拠点の取り組みが始まっている。また、人口密度は低いので小学校区では広すぎて高齢者にとっては移動が困難になる場合も想定される。小学校区よりも小さな単位で設定する、あるいは交通サービスを提供するなどのかたちで、移動の障害を解決することを考える必要がある。

問い　「集いの館」を推進していく主体は誰か、ということを考えた場合の生協の強みや課題は何だろうか？

回答　「集いの館」構想を提案した際には二つの大きな反響があった。「集いの館」をすすめるのに生協がとても向いている、期待しているというご意見と、「集いの館」のような役割を生協が事業としてすすめるのは困難で向いていないというご意見である。これらはともに根拠、理由のある意見である。生協のもつ組合員組織、組合員参加、そして商品供給システム、人材育成は優れた強みであり、これらは「集いの館」構想を展開する上で大きな力となる。特に「集いの館」は営利事業的に標準化して上から展開していくものではなく、地域に密着して地域の参加ですすめるべきものであるので、この点で生協がどう関われるかは、採算がとれるかどうかのほかに、課題として考えられるであろう。地域と生協の関係をどう発展させていくか、というミッション、戦略が問われている。

問い　「集いの館」は二〇五〇年に向けてという提案であるが、「いま」あってほしい、あったら利用したいのだが、どうだろうか？

回答　超高齢社会であると同時に、現代日本においては、子育て世代を支える「集いの館」はいま、まさに必要という状況になっている。いまの若い世代をどう支援できるかが問われている。これは特別な困難を抱えているという意味においても重要であるが、ここを重点的に変えることで未来の日本社会を変えることにつながるという意味でも決定的に重要である。

また、「集いの館」は植物のように、種を植えて芽が出て葉が広がるというように地域で、地域の状況に応じて育っていくものである。その意味で、「いま」「集いの館」をプロトタイプとしてであってもいいので、つくってみて地域の関係者が学びながら、地域の人々の参加や意見を通じて変わっていくことが求められる。

第2章　「地域力」を創るまちづくりのあり方

―「おたがいさまコミュニティ」の事例から

前田　展弘

1. はじめに～地域力の再生が求められる現代社会

少子高齢化に伴うさまざまな社会的課題の解決が「地域」に求められてきている。生活を支えあう基本単位の「家族」の形が変容するなか、〝おひとりさま（単身世帯）〟が増加の一途にあり、夫婦世帯であっても子どもの数は減少傾向にある[1]。家族で支えあう「家族力」が低下してきているなか、安心できる生涯をおくるためには、自助の強化や社会保障に頼るだけでは限界がある。子育てや福祉の問題を含めて、地域のなかで支えあえる「地域力」、すなわち〝互助〟のあり方が今日的に問われている。しかしながら、地域の実態をみれば、いつしか住民どうしのつながりは希薄となり、また〝地域のことは他人事〟といった感覚をもつ人が増えてきている。特に都市部では顕著である。なぜこのようになってしまったのだろうか。

この点、広井(二〇〇九)によれば[2]、二〇世紀後半の農村から都市への人口大移動により、都市に移った日本人は、農村的な関係性を都市に持ち込むことを行いながら、「会社」そして「(核)家族」という、いわば〝都市の中のムラ社会〟というべき、閉鎖性の強いコミュニティを形成してきたことを指摘する。また「ウチ―ソト(ヨソ)」を明確に区分する日本人特有ともいえる気質も影響しているという。知っている者どうし、つまり「身内」に対しては、過度なまでの濃密な気遣いが行われる一方で、見知らぬ者、つまり「他人」に対してはどこか冷徹な対応がなされる。この「ウチ―ソト(ヨソ)」、「身内―他人」に対する関係性の違いの大きさが、日本社会は際立っているとされる。時代の変化や日本人特有の気質がいまの閉鎖的、個人主義的な感覚を強め、地域コミュニティにおけるつながりや連帯感を失わせてきたということなのであろう。

ただ、このままでよいかといえばそうではない。地域コミュニティに対する考え方や価値観は人それぞれではあるものの、たとえば、現役生活からリタイアした後の生活、いつか家族と離れ独りのくらしとなったときなど、「遠くの親戚より近くの他人」ということわざがあるように、地域(住民)との関係性は個人の安心や生きがいの確保に向けて重要である。社会にとっても、地域とつながりのない孤立した人が増えるよりも、住民どうしが通い合い、活気溢れるまちを築いていくことが重要であることは言うまでもない。ではどうすれば、地域の中で支えあえるコミュニティへ復元できるのか。この課題に対して全国各地で所謂まちづくりの取り組みは百花繚乱のごとく展開されているが、そのなかで本章では、地域の機能・資源を統合する一つのまちづくりの事例を紹介したい。

2．おたがいさまコミュニティとは～〝他人事から自分事へ〟、〝おひとりさまからおたがいさま〟へ

紹介する事例は、福岡県福岡市で二〇一三年から展開される「おたがいさまコミュニティ」と呼ばれるまちづくりである[3]。ここでは、福岡市内の地域の事情の異なる三つの区域（小学校区）において、高齢者をはじめとする地域住民が、自ら地域の課題を解決できる機能を養うコミュニティづくりを進めている。活動を先導するのは、福岡市に拠点を置くＮＰＯ法人アジアン・エイジング・ビジネスセンター、公益財団法人九州経済調査協会及び福岡市役所の三者が中心となったグループである。これに福岡市社会福祉協議会等、多くの関係者（事業者他）が参加し協力している。まずどのような活動が行われているか紹介しよう。

⑴地域事情が異なる三つの区域で展開される活動模様～現地を訪れると

活動エリアの一つである「金山《かなやま》校区」は人口約七三〇〇人。自然環境に恵まれた緑豊かな丘陵地帯で、閑静な住宅地が中心である。近隣には地下鉄や複数の沿道商業施設があり、生活利便性はよい。高齢

化率は三〇％超であり、独居者も多い。集合住宅には、長年居住する高齢者層がいる一方、ファミリー層や単身層が短期間で入れ替わり、人口流動性は高い。そのため、地域住民相互のつながりは弱くなりがちであり、孤独死の問題も出始めた状況にある。

この地を訪れると、公民館の一画で、金山カフェ「たまり場」と称するイベントが行われていた。そこでは、「古本の交換会」だったり、保健師による「健康相談会」など多様な催しが行われ、幼児から高齢者までが和気あいあいと交流している。会場の中には、カフェと併設してあったらいいと思うアイディアをみえる化する「〇〇×カフェ」のドット投票コーナーも設けられている。自分たちが住む金山で開催するカフェのなかで〃こういうもの、こういう活動があったらいいな〃というアイディアを壁に貼り出し、参加者は気に入ったアイディアに投票する。賛同者が多く、実現に向けての協力者をみつけることができれば実現でき、さらにカフェの魅力が高まる仕組みだ。このカフェは二〇一四年から継続的に開催され、これまで福祉作業所のパンの販売と野菜の販売、保健師による健康相談、大学の先生による歯の相談、大学生による子どもの宿題相談、落語、音楽の提供といった多彩なサービスやイベントが繰り広げられてきている。ドット投票も参考にしながら常に〃住民が望む〃新しい活動を連続的に生み出してきている。

もう一つの活動エリアである「美和台《みわだい》校区」は人口約一五〇〇〇人。一九七四年に住宅地が造成され、一九七五年には一一八五戸の住宅地となった戸建住宅中心のニュータウンである。高齢化率は二五％

程度。古くから住む居住者が多く、地域独自に事業者とのコミュニティバス運行実験を行うなど地縁コミュニティ活動は活発な校区である。一方で、駅前の一部地域ではマンション開発によって一時的にファミリー層も増加していることから、多世代型のコミュニティ形成が必要となっている。

この地を訪れると、地元の高校と社会福祉協議会他の関係者が今後の活動について議論している。「高校生」と「高齢者」のことが話の中心だ。地元の高校は、不登校の経験や障害をもつ生徒を積極的に受け入れ、生徒が自立生活をおくれるように一人ひとりの特徴に寄り添った教育を理念としている。卒業生の就労支援にも積極的である。高校生及び卒業生が地域のなかで、本人の特性や希望を活かして活躍できる場を求めている。他方、地域の高齢者を支援する活動は、七〇代の高齢者が八〇代以上の高齢者を支えている状況にあり、支援する次世代の担い手不足が課題となっていた。美和台ではすでに地域の課題が明確な状況にあり、必要なのは解決策であった。そこで集まったメンバーは、「高校生が学びながら働ける場を提供し、そのことで住民たちも安心して暮らせる環境をつくることを目指す」ことで合意し、子育てサロン、高齢者ふれあいサロンに高校生が参加したり、住民との顔合わせを兼ねた公園の清掃活動などさまざまな取り組みを進めている。

三つ目の活動エリアである「照葉《てりは》校区」（アイランドシティ）は人口約五二〇〇人。一九九五年より埋め立てに着工したアイランドシティの住宅ゾーンに位置し、二〇〇五年から照葉のまちへの入居が始まった。一七二三世帯の新しい校区である。若い世帯が多く、高齢化率は四％程度と低い。小中一貫校などが整備され、病院や老人福祉施設なども立地し始めている。

この地を訪れると、「おたがいさまコミュニティ・ワークショップ」が行われていた。校区にある「もったいない」と「あったらいいな」の意見を集約して、「やってみたい」活動と「わたしの関わり方」について住民たちが話し合っていた。出てきた活動は、地域のたまり場として「カフェ」を求める声、「育ジイ保育園」や「三世代交流グラウンド」など、高齢化率が低く子育て世代が中心の照葉校区で、高齢者と子どもが関わるきっかけを望む声、また風が強い校区の特性を利用した風力発電や、車へのニーズを反映したカーシェアリングなどのアイディアもみられた。これから自分たちでまちをつくっていける可能性を感じる声が見られる一方で、地縁のネットワークが十分に整備されていないなど、住民同士の交流の必要性を訴える声も確認された。ワークショップ後には、自らのまちを見直し、現状を「みえる化」すること、また新たな地域コミュニティづくりに向けてまず核となる「体制」を構築していくことが今後の目標に据えられた。

⑵おたがいさまコミュニティの本質

三つの地域における活動の一片を紹介したが、三者三様の状況である。何か目新しい話があったかと思われた方も少なくないと思うが、本稿で伝えたい「おたがいさまコミュニティの本質(魅力)」はここからである。おたがいさまコミュニティづくりは、コミュニティをつくる「プロセス」「手法」に特徴があり、学ぶ点が多いのである。コミュニティはコミュニティの数だけそれぞれの特性があり、住民の年齢構成や世帯の状況など物理的・客観的な状況も異なれば、住民同士のつながり方や地域活動に対する住民の参加意欲であったり、目に見えない文化や風土も異なるわけである。「おたがいさまコミュニティ」づくりとは、こうした異なるコミュニティの実情に合わせて、それぞれのコミュニティに必要な活動を住民・事業者(民間企業、社会福祉法人、学校法人、NPO法人など)・行政が協働して行うところに特徴がある。その活動は地域課題を自ら発見して自ら解決することを目的に行われる。個々のコミュニティに応じたテーラーメイドのコミュニティづくりの活動なのである。したがって、「こうしたことをしよう」という目的やゴールが先にあるのではなく、あくまで地域の実情を評価した上で、住民他の意見からその地域らしい「解(＝協働の活動)」をつくっていく。その結果、金山校区の解は地域住民他が集える「カフェ」の設置であり、美和台校区は「高校生の就労支援と高齢者の生活支援」であり、照葉校区は「課題のみえる化と体制づくり」であったのだ。なお、おたがいさまコミュニティに込められた思いはつぎのコンセプトに収められている。

「おひとりさま」から「おたがいさま」へ

- ✓　「一人ひとりで頑張る」から「みんなで持ち寄る」
- ✓　「ないものねだり」から「あるもの活かし」へ
- ✓　「できないこと批判」から「できること試し」へ
- ✓　「金のために時間を売る働き方」から「時間を寄付したり交換したりする働き方」へ
- ✓　「自分たちだけで」から「まわりの力を借りて」へ
- ✓　「地域住民だけで」から「法人市民も含めて」へ

図表1　おたがいさまコミュニティのコンセプト（上）と概念図（下）

資料：おたがいさまコミュニティづくり関係者より提供

⑶おたがいさまコミュニティの原点

おたがいさまコミュニティづくりの原点は、過疎・中山間地域におけるコミュニティづくりにあるとされる。人口も含めて資源（公共サービスや民間サービス等）が限られた過疎・中山間地域では、資源をいかに機能的に活用するかが重要である。その地域の実情に合わせたテーラーメードのコミュニティづくりが必須となる。この点、都市においても、今後は少子高齢化及び人口減少が進むことで、地域の資源は今よりも乏しくなり、地域や企業、行政それぞれで成り立ってきたサービスが維持できなくなっていく。それは二〇三〇年あるいは四〇年といった本格的な超高齢化する未来を見据えれば、過疎・中山間地域と似かよった状況になることが予想される。そのとき必要なのは異なる資源の結び直しであるが、高度経済成長期より家庭・企業・行政の分業体制を続けてきた都市において、その関係づくりは容易ではない。だからこそ今から地域の実情に合わせて資源を機能的に統合できる関係性を備えた「おたがいさまコミュニティ」が必要と考えられたのである。

⑷おたがいさまコミュニティ形成技術と推進体制

ではどのようにしてコミュニティづくりを進めるのか。おたがいさまコミュニティづくりは、大きく二つの行程と、そのなかで五つのステップに分けられる。まず、地域住民及び関係者で自分たちの

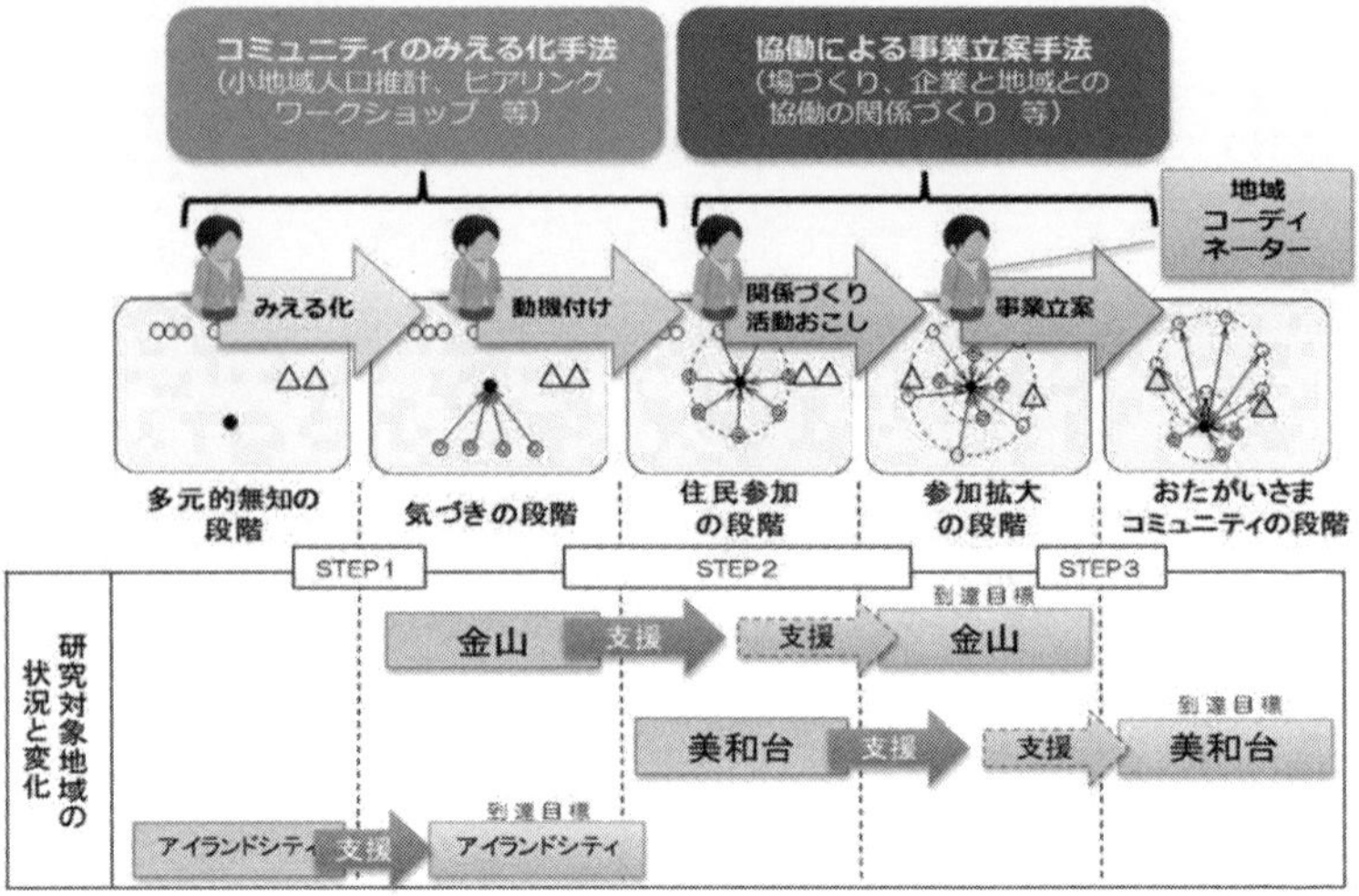

図表2　おたがいさまコミュニティづくりのプロセス・手法の概念イメージ

資料：おたがいさまコミュニティづくり関係者より提供

コミュニティをしっかり把握することが必要で(=コミュニティのみえる化)、その上で地域住民及び関係者で協働する事業を構築していく(=協働による事業立案)。リードする側の役割としては、地域住民他に対して、①コミュニティの実情をさまざまなデータや情報をもとに明らかにし(みえる化)、②コミュニティの特徴や課題に気づかせ(動機付け)、③課題解決の活動、実現したいことの活動をおこし(活動おこし)、④参加者の拡大をはかるなかで自立的な事業を立案し(事業立案)、⑤自立的持続的な協働事業を展開する(おたがいさまコミュニティ)ことと整理される。それぞれの地域においてどのステップからスタートすべきかは、その地域の状況(住民他の地域に対する参加度合い等を総合的に評価)から判断される。

こうした一連のコミュニティづくりを推し進める上でもっとも重要なことは、住民（当事者）が自分事としてとらえて活動を支え促す「エンパワーメント」にあるとされる。その役割を担っているのが「地域コーディネーター」と呼ばれるスタッフだ。地域コーディネーターは地域課題の解決に向けて、自分たちを力づけ、さまざまな社会資源を紹介して調整する役割を担う。しかし、外部の人間が地域に入って活動することはそう簡単なことではない。特に地縁にもとづくコミュニティでは、事業者や個人など外部からの人的支援を軽視、毛嫌いする傾向がある。誰でもすぐにできるということではなく、相応の経験が必要であろう。また、地域コーディネーターの活動を進めるには、活動をバックアップする組織（機能）が必要とされる。地域コーディネーターが孤立無援では、解決のための適切なエンパワーメントができない。そこで福岡市における一連の活動においては、解決につながるように、地域の内外に存在する社会資源のマッチングや、地域コーディネーターを訓練する後方支援を行う「中間支援組織」が設けられている。この中間支援組織が一連の活動を企画運営し、重要な役割を担っている。

なお、これらのおたがいさまコミュニティ形成に向けた方法等については、当該グループによりマニュアル化され公表されている。

■おたがいさまコミュニティ手引きその1　コミュニティのみえる化手法

http://active-aging-community.info/wp-content/uploads/2016/03/おたがいさまコミュニティ手引きその1 コミュニティのみえる化手法.pdf

■おたがいさまコミュニティ手引きその2　協働による事業立案手法
http://active-aging-community.info/wp-content/uploads/2016/03/おたがいさまコミュニティ手引きその2協働による事業立案手法.pdf

世の中でみられるまちづくりの多くは、供給者側の考えにもとづき、そのことを地域に押し付けることが少なくない。こうしたなかで地域住民が「他人事」から「自分事」として地域をとらえ、限られた地域資源のなかで、「自分たちがやりたいこと、やらなければならないことを実現する」、ことを推進する「おたがいさまコミュニティ」づくりは、これまでにない新規性の高い地域コミュニティづくりの好例といえる。

3．考察～超高齢未来に向けた地域力の再生に向けて

この「おたがいさまコミュニティ」の事例から私たちは何を学ぶべきであろうか。本格的な高齢化がすすむ未来社会に向けて必要な要点をあげてみたい。

(1)活動のエンジンの確保

世のなかには「好事例」と呼ばれる事例は幾多とある。今回のおたがいさまコミュニティの話もその一つにすぎない。こうした好事例の話を見聞きすると、「あそこは条件が良かったから」、「あの人がいたからできた」などを理由に、自分たちにはできない、どこか他人事の話として受け止めてしまう人も少なくないのではないだろうか。そのように受け止めてしまったら、物事は何も始まらない。当たり前のことを述べるが、おたがいさまコミュニティの経験・ノウハウを活かすかどうかは、まず自分たちの地域でも展開してみようと思い立ち上がる人・組織（＝エンジン）が現れるかどうか、またそうした人・組織をみつけられるかどうかというところから始まる。その担い手は誰でもよい。自治体、社会福祉協議会、ＮＰＯやボランティア団体、あるいは社会的起業家（ソーシャル・アントレプレナー）など、未来のためのまちづくりを志向する者であれば誰でもよいと考える。

⑵ Win-Winとなる協働の関係づくり

問題となるのは、活動を支えるための財源と体制づくりであろう。おたがいさまコミュニティの場合、国の研究開発予算をもとに立ち上がり、現在は住民主体の活動に移行し、それを社会福祉協議会が支えていると聞く。相応の財源があったからできたといってしまえばそれまでであるが、一連のコミュニティ形成技術は前述のとおりマニュアル化され公表されている。これから同様の活動を進める上では参考にできるわけである。おたがいさまコミュニティは、「一人ひとりで頑張る」から「みんなで持ち寄る」、「ないものねだり」から「あるもの活かし」へというコンセプトにもあるように、基本的にはお金をかけて何かをするという性格のものではない。お金をかけずに「あるものを持ち寄る、活かす」形で自分たちがしたいこと、しなければならないことを行うまちづくりである。したがって、唯一の課題としては、まちづくりの推進者であり世話役である「地域コーディネーター」の手当てをどう捻出できるか、そこは工夫が必要である。なお、地域コーディネーターの担い手としては、元気なシニアの方は適任ではないだろうか。本書で紹介する「集いの館」も元気なシニアの活躍が期待されているが、彼ら彼女らは豊富な経験があり、現役層に比べ自由な時間があり、かつ年金という経済基盤が基本的にはある。

また重要なこととして、自分たちがしたいこと、しなければならないことを実現するためには、必要な協力者を募らなければならない。地域には、学校や企業、NPOや社会福祉法人など、さまざまな組織・団体が存在している。前述のマニュアルにも記載されているが、そうした対象と「ビジョンを共有すること」、そして互いにWin-Winとなる協働事業をいかに構築できるかが重要なポイントである。

(3)目的は〝文化〟の形成

おたがいさまコミュニティは、住民がしたいこと、しなければならないことを地域の関係者を巻き込みながら実現するまちづくりであるのはその通りであるが、何か一つの協働事業を成立できれば完成(終了)ということではない。地域の課題、住民のニーズは時代とともに変化していく。また立ち上げた協働事業も未来永劫継続できるとは限らない。短期で終了してしまうこともありうる。この点、おたがいさまコミュニティを推進するグループ関係者へ「協働事業の継続性」についてたずねたことがある。その回答としては、「おたがいさまコミュニティの〝文化〟をその地域に根付かせることが最終的な目的」とのことであった。協働事業はいくつできても、また終わってもよく、自分たちがしたいこと、しなければならないことを〝いつでも〟できる、そうした地域力の備わった〝文化〟を築き上げることが重要だと強調されていた。確かにそのような文化が根付いた地域は全国で探しても見当たらないかもしれない。地域のなかで何かを行うにも、規制だったり、関係者間の利害調整だったり、とかく時間と労力がかかるのが現状と思われる。それだけに、そうした文化を日本全体で育むことができれば、日本の地域社会の様相も大きく再生に向けて変貌していくのではないかと考える。

理想のまちづくりに向けて、何が正解なのか、何がもっとも効果的なのか、その答えは今後も探究されていくことであろう。地域力の低下を克服し、地域が自律的に活性化していくことは、日本の未来社会の創造に欠かせられないことである。本章がこれからの地域再生に向けたまちづくりに僅かでも参考になれば幸いである。

注

1　子どもの数は二〇一六年時点で三五年連続して減少（総務省統計局「人口推計」）、世帯における子どもの数の平均は一九四〇年当初四・二七人であったものが二〇一〇年時点では一・九六人と二人を切るまでに減少している（国立社会保障・人口問題研究所「出生動向基本調査」）

2　参考文献1

3　国立研究開発法人科学技術振興機構　社会技術開発研究センター（JST/RISTEX）「コミュニティで創る新しい高齢社会のデザイン」研究開発プロジェクト「二〇三〇年代をみすえた機能統合型コミュニティ形成技術」（二〇一二～二〇一五年度）の一環として展開されたもの

参考文献

広井良典　『コミュニティを問いなおす―つながり・都市・日本社会の未来』ちくま新書、二〇〇九年
小川全夫・南伸太郎　「『おたがいさまコミュニティ』形成手法の開発プロセス～協働で課題解決できるコミュニティ形成の実証実験から」『九州経済調査月報』二〇一五年一二月号

第3章　もうひとつのキーワード『商助』の最新事情

白鳥　和生

1．はじめに

「自助」「互助」に加えて「商助」を――。人口減少などを背景に地域コミュニティの存続が危ぶまれるなか、生活者の不便や不安、不満を解決するソリューション型のビジネスが求められている。コミュニティビジネスやソーシャルビジネスといった当初から社会性をもった企業や組織が注目を集めるが、既存企業も持続可能な社会を構築しなければ企業の存続もおぼつかない。ハーバード大学のマイケル・ポーター教授らが提唱するＣＳＶ（Creating Shard Value ＝共通価値の創造）のように、二一世紀型のビジネスは事業課題と社会的課題の解決をともにめざすことになる。

2. 移動スーパー「とくし丸」

地域における課題はさまざまだ。生活の質を確保するためには買い物がたやすく出来るかが大きな要素の一つ。六〇〇万人とも八〇〇万人ともいるといわれる「買い物弱者」を救うための活動が各地で広がっている。

その一つが新しいビジネスモデルによる移動スーパーの展開だ。手掛けるのは徳島市に本社を置く株式会社とくし丸（住友達也社長）。同社は地域の食品スーパー、個人事業主の販売パートナーと役割分担して移動スーパーを運営する。二〇一八年六月時点で加盟する食品スーパーはキョーエイ、天満屋ストア、サニーマート、関西スーパーマーケット、ベルクなど九六社（四三都道府県、車両数三一一台）にのぼり、その数は増加中である。

スタートは二〇一二年。住友社長が強調する事業目的は三つ――「命を守る」「食を守る」「職を創る」――である。徳島でタウン情報誌を発行する出版社を経営してきたが、十数年前に広告代理店に売却。買い物難民問題にじかに触れ、そこに市場性を感じ、移動スーパー事業に乗り出した。

買い物難民問題にじかに触れたのは、住友社長が両親や知人の高齢者を車で買い物に連れていった時のことだという。つぎにいつ買い物に来られるかわからないという思いから、たくさんの商品を買い物する高齢者の姿を見た。ここで買い物難民の深刻さに気付かされたという。高齢になると、車を運転して買い物に出かけることが億劫になる。移動の困難さを感じる高齢者は今後どんどん増えるに違いない――ここにビジネスチャンスがあると考えた。

　買い物難民問題への対応としてはすでにネットスーパーや弁当の定期宅配、生活協同組合（生協）の宅配、店舗への送迎サービスなどがあったが、それぞれにメリットとデメリットがある。また、顧客にとってはさまざまな不満がある。商品を生活者の目の前まで運び、「五感」を通じて商品を選べる本来の買い物ができれば、不満の解消にもつながる。全国の移動スーパーの事例を調べ上げ、現在の移動スーパーのビジネスモデルを作り上げた。

　ビジネスモデルの最大の特徴は、とくし丸本部、加盟する食品スーパー企業、販売パートナー

様々な商品が載った「とくし丸」の車両（徳島市）（「とくし丸」のホームページより）

と呼ぶ個人事業主の三者が関わる点である。とくし丸本部が地域のスーパーと提携し、ノウハウとブランドを提供し、契約金とロイヤルティ（月三万円の定額制）を受け取る。食品スーパーは販売パートナー（個人事業主）に販売を委託する。個人事業主は、移動販売車に改装した軽トラックを三〇〇万円あまりで購入し、食品スーパーの店舗に並ぶ生鮮や加工食品（四〇〇品目一二〇〇点）を載せ、一定のルートを回る。一つのルートで五〇人ほどの顧客を抱え、週二回訪問。売れ残った食品は食品スーパーが引き取り、店頭で値引き販売する。

トラック一台の一日当たりの売上高は約八万円。このうち約一七％が個人事業主の収入となり、月収は三〇万〜四〇万円になる。取扱高が増えるほど、食品スーパーと個人事業主に利益が還元される仕組みになっている。

従来型の移動スーパーは店舗が近くない集落の広場などに販売車を止めて、買い物客を集めて販売するものが多い。扱う商品の幅が広く、実際に商品を見て選んでもらうという点で、宅配や配食サービス以上に利点が大きい。だが、店舗が撤退したような地域だけに、移動販売だけで採算ベースに乗せることは難しく、地域によっては行政の補助金を受けてサービスを維持する例も多い。

とくし丸は採算性のハードルを「プラス一〇円ルール」でクリアした。商品一点につき店頭価格に一〇円を上乗せして販売するというものだ。例えば三〇〇円の商品は三一〇円といった具合。一〇円のうち五円を販売パートナー、残りをとくし丸本部と加盟食品スーパーで分ける。顧客にとっては、

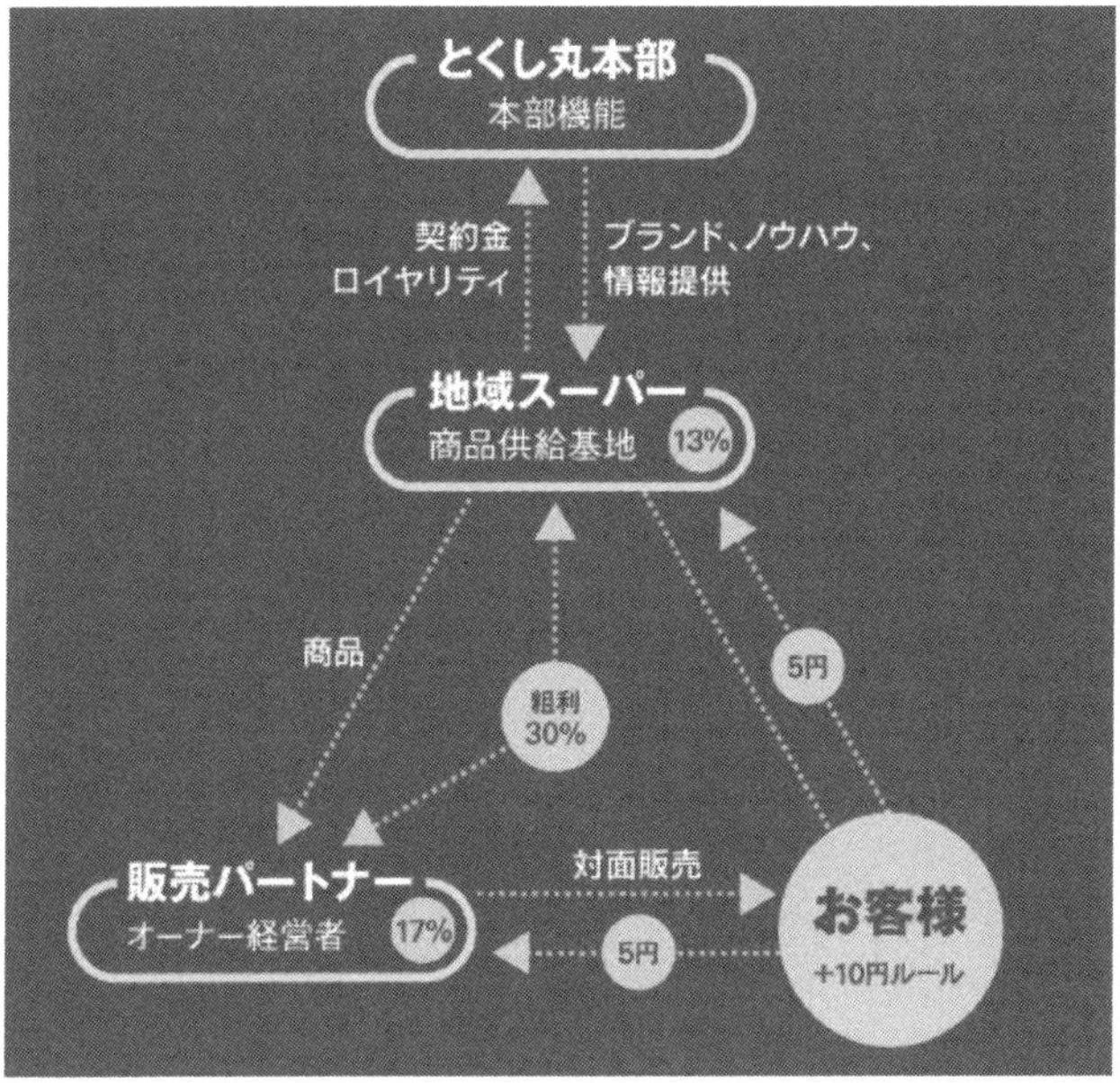

とくし丸事業の仕組み（「とくし丸」のホームページより）

車で店舗に買い物に行くときのガソリン代、バスやタクシーを利用する際の運賃を考えれば、商品一点につき一〇円は決して高くない水準かもしれない。

主要顧客は七〇歳代半ばから九〇歳以上の高齢者で、うち九割が女性。平均客単価は一五〇〇～二〇〇〇円。顧客からの支持が高いのは生鮮食品や総菜で、売り上げの六～七割を占める。

高齢者に支持されている理由の一つは、高齢者に寄り添う姿勢がある。とくし丸の販売パートナー向けのマニュアルには「売りすぎない」「捨てさせない」という文言がある。生鮮食品を買いすぎて捨てるようなことにならないようにしている。週二回、顔を合わせて家族のような関係を構築し、相手の立場を考え、喜んでもらえることを第一と考えているからである。最近では眼鏡や衣料品の販売も始めている。単に売り上げを拡大するという発想ではなく、必要なものを必要とする顧客に届けるチャネルになりたいという思いからだという。あらゆる商品とサービスを届ける窓口になると意味で、住友社長は「『おばあちゃんのコンシェルジュ』『おばあちゃんの究極のセレクトショップ』をめざしたい」と話している。

3. 全日本食品によるマイクロスーパーの展開

全国一七〇〇店の中小スーパーに商品供給する全日本食品（略称全日食、東京都足立区、平野実社長）は過疎地の小型店「マイクロスーパー」の展開を進めている。地元自治体と組んだり、高齢化した個人経営の商店を引き受けたりする形で、地域の流通インフラを維持する。山間部など近くに商店がない地域で問題になっている「買い物難民」の受け皿となっている。

基本的には一般的なコンビニエンスストアの半分の五〇平方メートル程度の売り場に野菜や肉、飲料、加工食品などを一千品目程度そろえる超小型店を多店舗展開する。全日食の購買力や物流網を活用することで運営コストを圧縮し、山間部の過疎地でも採算がとれるようにする。

買物不便地域に出店するマイクロスーパーは、全日食が基本的に品ぞろえなどの売り場設計を担い、開業後は商品の供給も一手に引き受ける。北海道から沖縄まで加盟店舗に多様な商品を届けている全日食の物流網を生かし、過疎地の店舗への配送ルートを組む。全日食は商品の供給先を増やして収益力を高める狙いだ。

全日食では三つのモデルでマイクロスーパーを展開中だ。一つは地域コミュニティの場として機能させるためのもので、二〇一四年に島根県雲南市の廃校を利用した公民館内に出店したのが最初の事例。地区の住民組織が全日食に加盟し、行政の支援も受けて運営している。

二つ目は茨城県の事例。もともと小型店を運営していた加盟店の再生策として、マイクロスーパーを活用している。従来型の店では営業の継続は困難だが、閉鎖すると近隣の住民は買物難民になってしまうケースがある。そういった問題に対応していくという。

三つ目は、加盟店の支店として開設するケースを考えている。少ない負担で支店をつくり、大きく儲かるわけではないとしても、地域社会に貢献できるとみている。

マイクロスーパーの事業モデルは、いずれも地域の商業ライフラインを維持するためのものだ。当社の情報・物流システムを活用することで、損失を出さずに継続していく道が開けてくる。社会的意義の大きい取り組みと考えている。

島根県の山間部にある雲南市と組んだ「はたマーケット」の事例をみてみる。雲南市にある波多地区の人口は約三〇〇人。六五歳以上の高齢者が半数を占め、二〇二五年の人口は二五〇人になると予想される。はたマーケットを運営するのは住民組織「波多コミュニティ協議会」(山中満寿夫会長)。二〇一四年三月、地区唯一の小売店の撤退を受け、高齢者ら「買い物弱者」の助けになればと、全国の小規模スーパーなどに商品供給や運営支援を行う全日食と連携。市の委託を受けて指定管理する交流センターの一室四八平方メートルにマーケットを設け、日曜と祝日を除く午前九時〜午後五時半に営業している。

開店資金は冷蔵施設や商品の購入などで約五〇〇万円。県からの補助金や借入金で何とか賄ったという。商品は約八〇〇点。売り上げは年間一六〇〇万円程度ある。酒の販売を始めて売り上げが伸びている。

住民の要望をくみ取った店づくりが好調の要因だ。町内の衣料品店と連携し、全日食で取り扱いのない肌着や靴下など衣料品の販売を始めたほか、協議会が指定管理する温泉施設の食堂で作る総菜を週一回仕入れて陳列。許可を受けて酒とたばこの販売も始めた。送迎もある。当初は実費相当、片道一〇〇円を受け取っていたが、今は無償にして店に募金箱を置いた。自分たちで運営する小売店と送迎は、限界集落に住む高齢者を買い物難民にしない一つの答えといえる。

マイクロスーパーの事業モデルは、いずれも地域の商業ライフラインを維持するためのものだ。当社の情報・物流システムを活用することで、損失を出さずに継続していく道が開けてくる。社会的意義の大きい。全国の市町村や閉店予定の個人商店から相談が来ており、個別に収益性を見極めた上で、

島根県雲南市の「はたマーケット」（全日本食品提供）

新規出店や店舗運営の引き受けを判断する。

山間部など過疎地では、店主の高齢化によって個人商店が閉店する例が少なくない。消費者側としても、自動車を運転しなくなって日常の買い物に行けない高齢者も増えている。買い物難民の対策は自治体も頭を抱えており、全日食は採算が見込めるマイクロスーパーを各地で展開することで社会問題の解決につなげる構えだ。平野実社長は「買物難民の問題を解消するためのマイクロスーパーは完全にお年寄りだけが利用され、若い人と話をするために来店し、ついでに買物するという側面がみられる」と話し、地域における店舗の重要性を強調している。

4. 国分グループ本社によるネット卸

国分グループ本社（東京都中央区、國分晃社長）が手掛ける「問屋 国分ネット卸」は、規模（仕入れロット）や輸送の面から大手卸と取引ができない地域の個店を対象にしたビジネスだ。ミニスーパーなどの店舗を展開する際、仕入が充分にできないという「仕入れ難民」という買い物難民と裏返しの問題もある。

ネット卸は宅配便最大手のヤマトホールディングスと組み、日本全国どこからでも、必要な時に必要な量だけ仕入れられる会員制の仕入れ通販サイト。食品や飲料、日用雑貨など一万六〇〇〇アイテム以上をそろえ受注から翌々日には商品を届ける。離島や過疎地の店でも新商品が都心の店と同様に時差なく並べられというメリットであり、地域のパパママストアを守ることで買い物弱者の支援にもつながると注目を集める。

ネット卸は過疎化などで仕入れが困難になった離島や山間部の小売店を支える小口卸事業として二〇一〇年秋にスタートした。入会金はや年会費は無料で、会員専用サイトで商品案内と受注を行い、栃木県小山市の国分関信越の汎用物流センターからヤマト運輸の宅配便で会員各店に届ける。取り扱いは主力の酒類、加工食品・菓子のほか、日用雑貨や農産物もそろえる。

会員数は三万五〇〇〇事業所を超える。小売店が半数を占めるが、小規模な介護関連施設などもあるという。小売店の中には気象情報の収集に日常的にネットを活用する離島の小売店をはじめ、職域売店やガソリンスタンドなども目立つ。また、通販事業者がドロップシッピングでネット卸を活用する例も増えている。

二〇一六年の売り上げ規模は約四億五〇〇〇万円とまだ小さいが、広告費を吸収できるまで事業が育ち黒字化した。こうした利用や用途の拡大に合わせ、二〇一七年五月下旬から国分首都圏の三郷流通センター（埼玉県三郷市）を第二の出荷拠点として運用をはじめた。

大手食品卸の間では有力取引先を中心に不採算取引を絞る傾向があるが、国分グループ本社は「小商い」をキーワードにこの手の価格小口対応にも力を入れる。こうした一線を画した取り組みの採算が合ってきたことは大いに注目できる。ニッチ（すき間）のニーズを取り込むために、汎用センターの通常在庫と物流機能を活用していることもコストを抑えている点も無視できない。

5. ドラッグストアによる地域拠点作り

地域コミュニティを維持する上で「健康」は欠かせない。そうしたなか、ドラッグストアや調剤薬局の業界で、健康な生活をカバーする機能づくりが進んでいる。検体測定の対応やセルフチェック機器の設置、管理栄養士による相談など、各社が新しい取り組みを進めており、高齢社会で必要な機能を充実させている。

日本チェーンドラッグストア協会は、二〇一七年度のドラッグストア市場六兆四九一六億円から、二〇二五年度の一〇兆円を目指している。調剤と、トクホや機能性表示食品、スマイルケア食など健康にかかわる食の新しいマーケットを成長カテゴリーと位置づける。さらに「街の健康ハブステーション構想」を掲げ、地域ニーズへの対応を強化する。同協会の宗像守事務総長は「構想自体は、超高齢社会においてドラッグストアの新しい社会的機能や役割を樹立する。また、ドラッグストアを地域の健康や快適な暮らしのプラットホームにするというものだ」と語る。さらに今後一〇年後を見据え、「人口減少や超高齢社会を迎えることは確実。医療・介護の必要な高齢者は増えるが、元気な高齢者も増えるということ。この層へのアプローチが重要で、長く元気でいてもらうために日用品や食品の提供など快適な暮らしのサポートもドラッグストアの役割となる」とし、望まれる疾病予防と健康増進、重度化抑制という三領域の事業化がカギと強調する。

大手ドラッグストアでは調剤分野を拡充するとともに、健康食品などを含めた物販とともに、検体測定の対応やセルフチェック機器の設置、管理栄養士による相談などの健康サポートの機能づくりを進めている。これまで、調剤薬局やドラッグストアで管理栄養士の職能を活かせる場面はほとんどなかったが、スギ薬局やマツモトキヨシホールディングス（ＨＤ）、日本調剤、薬樹などは管理栄養士の採用を進めている。セルフチェック機器による測定数値をベースに、食事、栄養の相談を受けるほか、体操やウォーキングなどのイベント開催で地域連携の取り組みを主導しているケースが多い。

合わせて、ヘルスケア分野での物販のあり方も変わっていくと想定される。薬効別のOTC、健康食品、サプリメントなど品群のくくりではなく、症状・悩み別のカテゴリーに再編され、ここに関連するOTC、健康食品、サプリメント、トクホ、栄養機能食品、衛生材、雑貨、機器類が一体的に展開される。一部のドラッグストアではこのような取り組みが進んでいる。

マツモトキヨシHDは次世代型のマツキヨLAB、スギ薬局は未病・予防を包括するエリアの中核店と位置づける店舗で、既存のくくりを変えた売場を展開している。またウエルシア薬局は、介護食のくくりを取り払い、レトルトのおかゆや、サバの味噌煮の缶詰などやわらかい食感の普通食と合わせた売場づくりにチャレンジしている。くくりを変えることでこれまでとは異なるマーケット開拓につなげる。メーカーの商品開発、卸の売場提案も同じような方向に進んでいる。

6. まとめ（店の発展を社会の幸福）

本業を通じてCSR（企業の社会的責任）を果たし、収益を上げようとする企業が目立ってきた。社会価値の高い商品を開発したり、社会価値の側面を強化して消費者に訴え収益拡大につなげたりする――従来、こうした事業戦略をCSRとして打ち出す経営者は少なかった。CSRといえば、法令順守や人権、環境保全など、「経営リスクへの備え」が主な目的とされた。多少、戦略的に捉えても、本業と関連性のある慈善事業に寄付し、企業ブランドを高める位置づけだった。

二〇一一年、ポーター教授らがCSVという経営理念を発表した。本業を通じて社会と共有する価値を創造できる企業が成長すると説いたものだ。そもそも日本の商感覚ではCSVは当たり前といえる。パナソニック創業者の松下幸之助は「水道哲学」で「水道のごとく物資を安く潤沢に提供することで、社会が豊かになり企業も成長する」と訴えた。社会価値の向上と企業の成長は一致することを知っていたからだ。

同じ社会価値を増やす本業とCSRがこれまで別に見えていたのは、消費者ニーズと社会価値が必ずしも一致しなかったからだ。個人の欲望や利便性を高める事業に伴って自然破壊が起きることが典型的だろう。

だが、先進国では、社会価値の主体が経済的な豊かさから、環境問題や地域格差の解決などに移ってきた。個人の意識もより公共性や社会性の価値を重んじるようになった。CSRは手掛ける事業が社会に与えた影響に対して、責任をとるという側面が大きく、利益の一部を犠牲にして取り組むイメージもあった。企業が持つ技術や人材、組織などの経営資源は、環境、社会問題を解決できる力を秘めている。単に負担が増えるという視点ではなく、利益追求と両立させる戦略をとることで、企業自身の成長と社会の改善へそれぞれプラスに働くことが期待されている。

　CSVの繰り返しになるが、昭和の商業指導者、倉本長治が提唱したビジネスの基本理念に『商売十訓』がある。そこには「損得より先きに善悪を考えよう」「店の発展を社会の幸福と信ぜよ」「公正で公平な社会的活動を行え」といった言葉が並び、社会との関係性なしでビジネスは成り立たないという考えが表れている。さかのぼれば江戸時代中期から明治時代にかけて活躍した近江商人の「三方よし（買い手よし、売り手よし、世間よし）」にも行き着く。近代経済学にのっとれば企業の存在目的は利潤の追求だが、社会の中で「生かされている」のがまた企業である。だからこそ社会が抱える課題を解決することが企業に求められ、その貢献度によって企業の存在価値が決まり、結果として利益が生まれることになるのではないだろうか。

参考文献
白鳥和生「流通業における主要業務を通じた社会貢献―戦略的CSRへの適合性に関する『とくし丸』の事例分析―」『国学院経済学』第六六巻第二号、二〇一八年
白鳥和生「地域におけるミニスーパーの取り組み」『生活協同組合研究』（五〇四）、二二―二八、二〇一八年一月号
若林靖永・樋口恵子編著『二〇五〇年 超高齢社会のコミュニティ構想』岩波書店、二〇一五年

第4章　買い物弱者と共助・商助

天野恵美子

1. 買い物弱者問題の深刻化―便利な時代の不便な消費

人口減少や高齢化が進行する中、近隣小売店の閉店や公共交通の弱体化などにより、日々の買い物に不便や困難を抱える人が増えている。コンビニエンスストアやインターネットなどを利用し、いつでも、どこでも買い物ができる便利な時代の新たな消費者問題、いわゆる「買い物弱者」(買い物難民、フードデザート、食料品アクセス)問題である。

農林水産省は、食料品アクセス困難人口(店舗まで五〇〇m以上かつ自動車利用困難な六五歳以上の高齢者)[1]が二〇一五年時点で全国に八二五万人にのぼり(全六五歳以上人口の二四・六%)、三大都市圏(東京・名古屋・大阪)において増加していることを示した(農林水産政策研究所、二〇一八)[2]。二〇〇五年と二〇一五年を

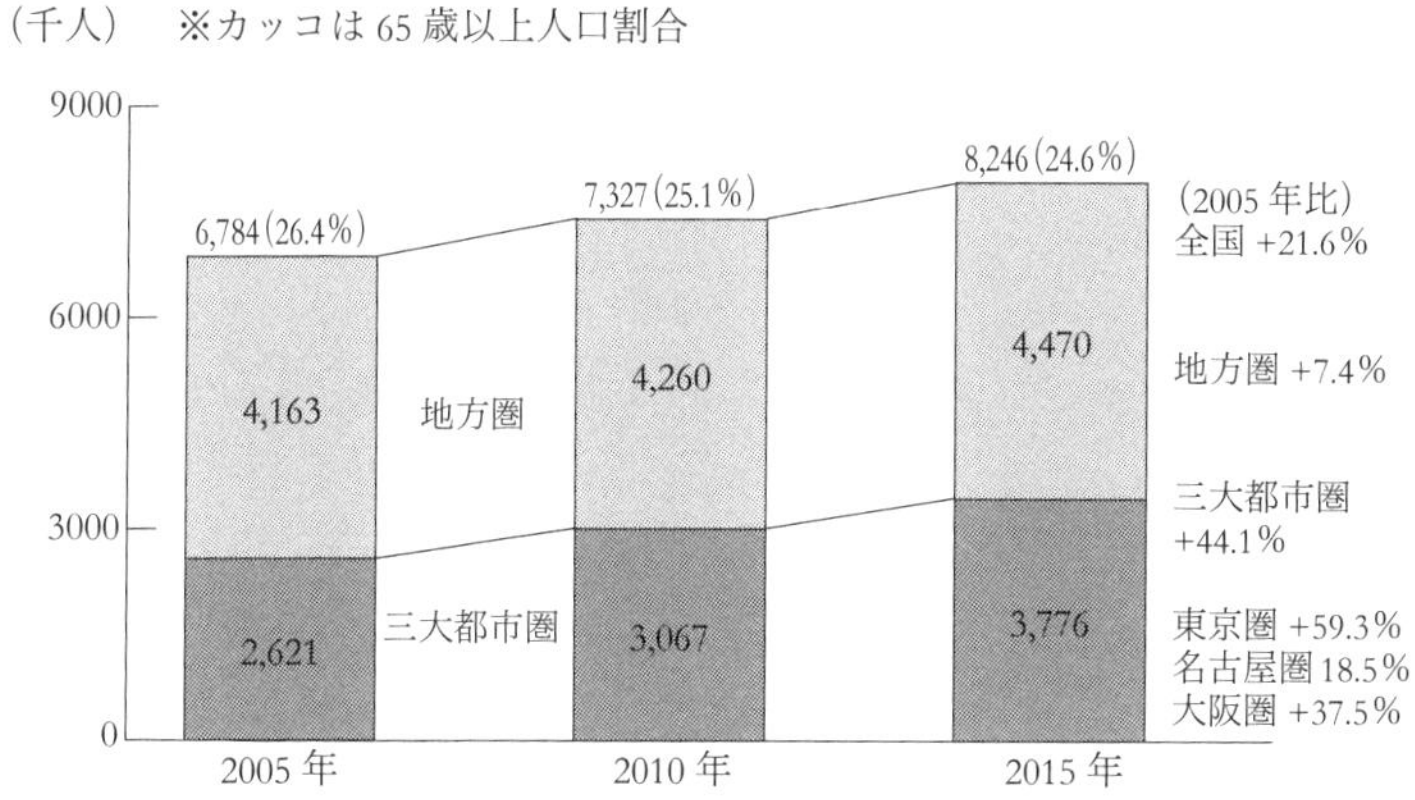

図表１　食料品アクセス困難人口（地域別）

出典：農林水産省ウェブサイト
< http://www.maff.go.jp/j/press/kanbo/kihyo01/180608.html >

比較すると全国で二一・六%増加し、三大都市圏で四四・一%、地方圏は七・四%も増加しており、都市部において急速な増加が見られる（**図表１**）。

こうした買い物をめぐる問題は、病院や食品スーパーなどへのアクセスが不便な地域に暮らし、自動車を運転することができない一人暮らしの高齢者にとって、健康や生活の維持にかかわる深刻な生活課題となっている。国や地方自治体も、住民の生活インフラを維持するために民間事業者による店舗開設、移動販売、宅配サービスや買い物代行、店舗への移動手段（送迎支援、デマンドタクシー）の整備などの支援策を講じてきた。事業を実施する主体も、民間事業者だけにとどまらず、商工会、地域住民組織、社会福祉法人、NPO法人など実に多様である。生協も店舗や宅配事業のほか、移動販売や介護施設や託児所などを併設する店舗を開設したり、コンビニエンスストアと共同で店舗を開設・運営するなどさまざまな取組みを行っている（白水、二〇一七）[3]。

過疎化や住民の高齢化にともない地域活力が低下する中、地域住民の暮らしを支える商業は課題解決においてどのような役割を果たし得るのであろうか。

人口減少率・高齢化率ともに全国一位の秋田県は、県内全域が豪雪地帯に指定される厳しい気象条件のもと、近隣に買い物をする場所がない中山間地域に暮らす高齢者を多く抱えている。県内外から注目されている秋田県の横手市における高齢者の暮らしを支える取組みを手がかりに、地域における共助と商助の課題と可能性について考えてみたい[4]。

2．人口減少率・高齢化率全国1位秋田県の取組み——高齢者の暮らしを支える「横手モデル」

⑴横手市の共助組織による生活支援の取組み

秋田県は毎年一万人のペースで人口が減り、二〇一七年には人口が八七年ぶりに一〇〇万人を割った。秋田県の高齢化率（総人口に占める満六五歳以上の方の割合）は三五・五％（二〇一七年七月一日現在）で、全国で最も高い[5]。二五ある市町村のうち、秋田市以外の二四市町村全てにおいて六五歳以上の老年人口割合は三〇％以上となっている（最高は上小阿仁村四八・八％、最低は秋田市二八・一％）。二〇一四年に日本創成会議が示した「消滅可能性都市」（将来消滅する可能性がある自治体）では、一つの村（大潟村）を除き、二四市町村全てが消滅する可能性が示された。

また、県内全域が豪雪地帯対策特別措置法に基づく豪雪地帯の指定を受け、一三市町村（一部特定区域）は特別豪雪地帯に指定され、冬季の生活環境は厳しい。

以下、秋田県の南部に位置し、秋田市に次ぐ人口（九〇、九二三人：二〇一八年五月末現在）を有する横手市の中山間地域に暮らす高齢者に対する生活支援の取組み事例を概観する。

横手市の中山間地域の集落の一人暮らしの高齢者世帯数や高齢者のみの世帯数は秋田県の平均と比べて約二〇年先行している（老年人口の割合は三七％）[6]。秋田市に比べて積雪量が多く、公共交通の衰退も著しい。しかしながら、厳しい条件のもとで始まった中山間地域の元気な高齢者が困難を抱えた高齢者の生活を支援する共助組織の取組み（雪下ろしや雪寄せ、買い物支援など）は「横手モデル」と名付けられ、高齢化が進む秋田県の先進事例となっている。

「高齢過疎地域における共助力アップ支援事業〈横手モデル〉」（内閣府、新しい公共支援事業）のもと、二〇一二年に四つの中山間地域（保呂羽《ほろわ》地区、南郷地区、三又地区、狙半内《さるはんない》地区）に、自治体を母体とする住民自らが地域の課題解決に取組むための共助組織「共助組織代表者ネットワーク会議」が設立された。四つの共助組織の取組みは、総務省「平成二六年度ふるさとづくり大賞」の団体表彰（総務大臣賞）を受け、全国的にも注目されている。それぞれの共助組織が有償ボランティアとして「お助け隊員」を組織し、①雪下ろしや雪寄せ、②通院・買い物支援、③一人暮らしの高齢者見守り、④農産物・特産物の加工販売などを行っている。

多雪・豪雪により冬季に一層不自由な生活を余儀なくされる中山間地に暮らす高齢者の買い物を支援する取組みは狙半内《さるはんない》と南郷の二地域の共助組織が行っている。

(2)狙半内共助運営体「商業施設による無料シャトルバスの運行」

狙半内地区（世帯数一七八、高齢化率三八・八％）の共助組織は車で四〇分ほど離れた大型商業施設と協定を結び、二〇一二年冬から週に一度無料シャトルバスを運行する買い物支援を行っている（**図表2**）。

(3)南郷共助組合「個人商店存続による買い物環境の維持」

南郷地区（世帯数九八、七五歳以上の高齢者独居世帯、高齢者のみ世帯は二一世帯、高齢化率四〇・五％、自動車を持たない高

図表2　無料シャトルバスでの送迎（筆者撮影）

齢世帯は一一世帯）では、集落に一つ残る個人商店で買い物ができる環境を維持することを目的に二〇一四年から買い物支援を開始した。南郷共助組合は高齢者宅の雪下ろしや雪寄せを有償ボランティアとして行うほか、県から県道の草刈り作業を受託し、その賃金の一部を、個人商店のみで使える地域通貨（マイド券）で支払い、商店での買い物を促進する仕組みや商店経由の宅配システムを構築した。

二つの共助組織の買い物支援は**図表3**のようにまとめられる。

狙半内と南郷の方式のいずれにおいても、高齢化によって地域活力と高齢者自らの自助機能がともに低下する中、共助組織が地域商業と買い物困難者を結びつける重要な役割を果たしている。**図表4**のように、両方式にはそれぞれ長所と短所がある。

狙半内の支援（狙半内方式）は、大型小売店による無料シャトルバス運行（狙半内路線は全一一路線あるうちの一つ）により、

	狙半内方式	南郷方式
支援内容	店舗への送迎	商店経由の宅配
目的	買い物機会提供	買い物環境の維持
支援対象者	外出可能な高齢者	外出困難な高齢者
主な利用者	高齢者の約2割	全世帯の1割
小売店の役割	バスの運行	受注・配達
共助組織の役割	運行補助	商店利用呼びかけ
店舗への近接性	遠い	近い
利用機会	毎週1回	随時

図表3　狙半内・南郷の買い物支援の概要

	狙半内方式	南郷方式
商品 （品揃え、鮮度等）	品揃え豊富 比較購買	カタログ掲載品のみ 比較購買不可
価格	値ごろ感あり	価格表示なし
買い物コスト （経済的・肉体的・心理的不安感）	バス利用無料商品運搬 補助あり	宅配手数料100円 千円以上の利用
外出機会・交流	◎	△
運営コスト負担	小売店	利用者・共助組織
持続可能要因	運行協定による	住民利用・商店経営
提携店への連携	○	×

図表4　共助組織による支援内容の比較

週に一度の買い物機会が提供されている。しかし、その利用は外出可能な高齢者に限定され、外出が困難な高齢者は自ずと利用を制限され、深刻な問題を抱える交通弱者や買い物弱者を救済することが難しい。また無料バスの運行は、近隣商店や公共交通の衰退につながりやすい側面を持ち、事業者との協定が解除された場合に高齢者の生活はたちどころに困難なものとなるリスクを併せ持つ。

一方、南郷の支援（南郷方式）は、個人商店による宅配サービス（カタログ受注・宅配）や地域通貨の発行によって、集落に残る唯一の個人商店の存続、買い物困難者のための買い物環境の維持を目的とした買い支えを主な活動としている。移動手段を持たない高齢者や外出困難者にとっては商店が行う宅配サービスは重要なライフラインとなる。しかしながら、入手できる商品は商店のカタログ掲載商品に限定され、他の食品スーパーや大型小売店と比べて品揃えや価格において利用者の満足度は低水準にとどまる。また現時点で支援を必要としない住民の「商店存続のための買い支え」に対する理解と協力は得難い。共助組織のメンバーによる地道な買い支え、一部の高齢者の利用、個人商店の経営努力だけではその存続と維持に限界があるといえる。

いずれの共助組織の活動も住民と商業を結び付ける上で重要な役割を果たしているが、商助の側に位置する提携店の収益性・採算性には脆弱性がみられる。また、共助組織の運営・管理においては、後継者確保・育成という点や組織の持続可能性という点に問題を抱えている。

3. 高齢社会における「共助」と「商助」―課題と可能性

秋田県の先進事例「横手モデル」は、地域課題を地域住民自らが解決することを目指す高齢者の暮らしを支える仕組みである。具体的には、加齢に伴い、除雪や買い物など今までできていた自力で生活を営むという「自助」が難しくなると、身近な家族や親族が「互助」で困難を抱える高齢者の生活を支え、それが難しい場合に地域の元気な高齢者が「共助」として起動する仕組みである。

行政やＮＰＯの支援を受けつつ、共助組織と地域商業（大型商業施設・個人商店）が協力体制を組んで、高齢者の買い物を支援する「商助」としての役割を果たしている。地域商圏を基盤とする商業が地域住民の暮らしを支える拠点としての使命を持ち、単なる買い物場所という意味を超えて地域のコミュニティセンター、あるいは地域住民の生活を支える問題解決主体としての機能を果たしている。秋田県の「横手モデル」は、二〇五〇研究会が提起したコミュニティ構想の「共助」と「商助」と類似した軸を持つものであることから、この事例から以下のような示唆が得られよう。

まず地域課題の解決・支援策を継続的に講じるには第一に、持続可能な事業としての収益基盤、採算性の確保が課題になる[7]。日常の買い物に不便・不自由を抱える高齢者の暮らしを支える事業は、民間事業者が参入をためらい、支援事業の多くが赤字という収益性の確保が難しい事業でもある。人口減少、高齢化の中にあるニーズと商機をとらえ、持続可能な事業として継続させるために、ムリ、ムダ、ムラのない共助と商助の仕組みが必要となる。

また第二の課題としては「元気な高齢者が支援を必要とする高齢者の生活を支援する」という共助の仕組みの中で見られたように、「集いの館」を運営・管理する担い手やその後継者の育成・確保が課題になる。

事業としての採算性と運営・管理にあたる担い手や後継者の育成と確保という問題を克服しなければ、地域社会における支援の継続は困難になる。生協が地域拠点としての役割を果たす上でも、継続性や収益性の問題、運営の担い手確保・後継者育成の問題は避けることができない。

都市部・農村部を問わず、家族や地域社会の姿が大きく変わる中、地域住民と商業とが共存共栄することを目指し、持続可能な地域社会を構想することが重要となることから、高齢者の暮らしや地域を見守り、支え、維持するために行政・住民・民間事業者の共同・連携体制の構築が求められる。税収減により自治体の財政が逼迫する中で住民の力を生かした「共助」と地域の暮らしを支え、住民の利用によって成り立つ地域商業の役割とそれらに対する期待は一層強まり、その真価が試されることになるといえよう。

店舗事業と宅配事業で培ってきた生鮮食品の調達と供給に強みを持つ生協が今後、買い物弱者問題において果たしうる役割は大きい。地域課題の解決のために、持続可能な事業モデルの構築が急がれる。家族や地域の変化を見据えて、地域住民の手にゆだねられつつある公共、共助・商助の仕組みの持つ課題と可能性をさらに検証していくことが必要である。

注

1　食肉小売業、鮮魚小売業、野菜・果実小売業、百貨店、総合スーパー、食料品スーパー、コンビニエンスストアを含む。

2　農林水産政策研究所（二〇一八）「食料品アクセス困難人口の推計（二〇一五年）」〈http://www.maff.go.jp/primaff/seika/fsc/faccess/a_map.html#1〉

3　白水忠隆（二〇一七）「みやぎ生協ファミマ・コープ見学記」『生活協同組合研究』№五〇一、五五—五七ページ。

4　筆者は生活総合研究所の研究助成を受け、「高齢社会における地域小売商業の新たな役割と可能性—高齢化率全国一位の秋田県の高齢者のくらしと地域小売業からの展望―」というテーマで現地調査を行う機会を得た。詳細は生活総合研究所（二〇一六）『生協総研賞・第一二回助成事業研究論文集』、五六―七七ページを参照されたい。

5　六五歳以上の高齢者だけの世帯数は一一八、二八六世帯、そのうち高齢者のひとり暮らし世帯数は六五、〇六九世帯であり、総世帯数に占める割合はそれぞれ三〇・四％、一六・七％となっている。秋田県公式ウェブサイト「秋田県の高齢者数、高齢者世帯数」〈https://www.pref.akita.lg.jp/pages/archive/8722〉

6　横手市公式ウェブサイト「横手市の人口　平成三〇年度」〈http://www.city.yokote.lg.jp/somu/page000084.html〉

7　総務省（二〇一七）が八七の都道府県、市町村を対象に行った調査結果は、移動販売や宅配などの買い物弱者支援対策事業の収支が赤字である事例を示している。総務省（二〇一七）「買物弱者対策に関する実態調査〈結果に基づく通知〉」〈http://www.soumu.go.jp/main_content/000496939.pdf〉

第5章　パルシステム東京における取り組み

辻　正一

1. はじめに

パルシステム東京は、二〇五〇研究会からの提言である「集いの館」構想のモデル計画について、二〇一七年一月から半年間、生協総合研究所との共同プロジェクトを持ち検討を行った。このプロジェクトを通して、これまでに積み重ねてきた事を改めて評価することができ、一つひとつの取り組みに光を当てなおすいい機会となった。二〇五〇年になっているべき理想像として「集いの館」を目指すには、まだまだ出来ていないことも多く愕然とするが、案外やれている部分はあるとも同時に感じている。本稿では、江東区の辰巳に立地する多世代交流ひろば「パルひろば辰巳」を中心に、パルシステム東京がめざす姿や、取り組みについて紹介する。

2. パルひろば辰巳とは

江東区辰巳は、埋め立てにより集合住宅整備が大規模にすすめられ一九六〇年代に建った都営団地群で俗に辰巳団地と呼ばれている。今も平坦な土地に大小の団地が林立している。パルひろば辰巳は、東京メトロ有楽町線辰巳駅からはものの数分の近さにあって、パルシステム東京の施設である辰巳ビルの二階にある。辰巳ビルの一階には生協のお店として親しまれ賑わっていた今は無き「たつみ店」があったが二〇一四年三月に閉店し現在はテナントのスーパーが出店している。辰巳ビルの三階にはケアマネジメントサービス、ホームヘルプサービスを行う「辰巳陽だまり」の事務所と調理室や会議室が備わっている。また、近隣にはデイサービスセンターもありさまざまなパルシステム東京の施設インフラが整っている。もともと前身の辰巳団地生協からの長い歴史がつまったこの辰巳地域において、さまざまな世代の人と人とがつながり、元気になり、活動を始めたい、参加したいという思いを引き出し、形にしていくことを目的につくった多世代交流ひろばがパルひろば辰巳である。

パルシステム東京は、「『食べもの』『地球環境』『人』を大切にした社会をつくります」を理念に掲げて、長期のなっていたい姿である二〇二〇ビジョンでは「ともに　つくる　くらしと地域」をスローガンに、事業と活動をすすめている。これまでも活発に行なわれてきた組合員活動に加えて、社会や

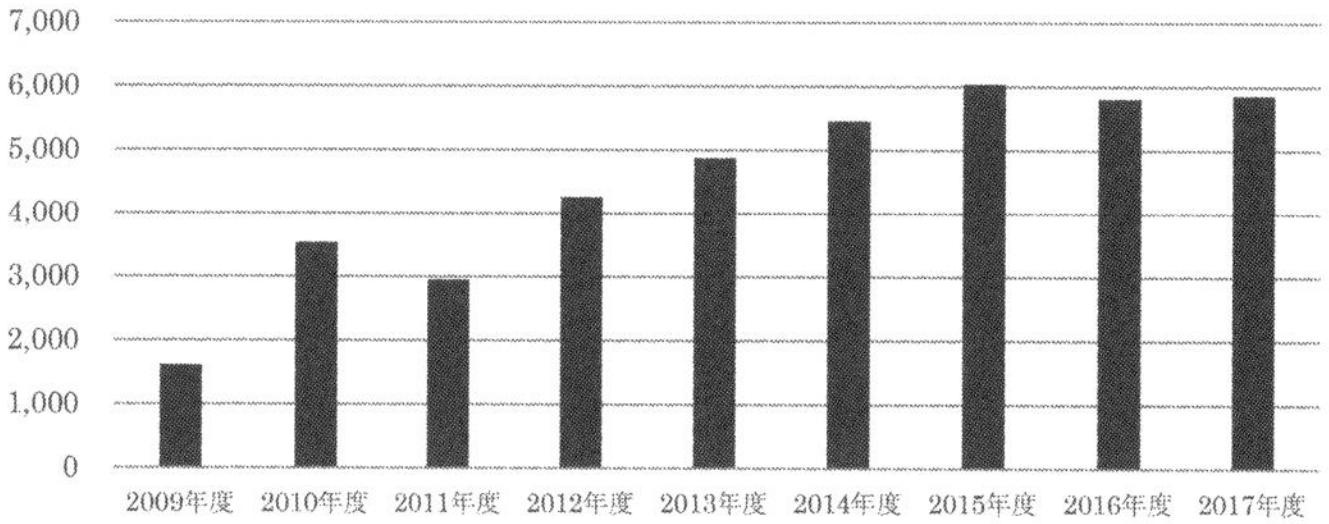

図表１　パルひろば辰巳　利用者数推移

暮らしが大きく変わる中で、地域とのつながりや地域社会への貢献が生活協同組合としてさらに求められるようになり、地域づくり・まちづくりの一翼を担っていきたいと考えている。その一つの象徴的な取り組みがパルひろば辰巳である。はじめは「パルぷらす@たつみ」の名前で、二〇〇九年にオープンし、地域の方々の自主的なサークル活動を促進し、子育て中のママや単身高齢者向けの企画づくりなど、ややもすると孤立しがちな人びとの居場所や交流の場になっている。また誰でもが自由に出入りが出来るフリースペースの提供も行なってきている。現在では二〇〇九年から二〇一七年まで延べ四三、〇〇〇人以上、この一年間で六〇〇〇人近くの方に利用いただいている（**図表１**）。

３．パルひろば辰巳の運営

現在のパルひろば辰巳の主な取組みは、交流サロン、施設時間貸しなどで、その運営管理を特定非営利活動法人ＮＰＯえん（以後、「ＮＰＯえん」）に業務委託している。ＮＰＯえんは、パルシステム東京と関係する団体で作るコミュニティ・ワーク連絡会の会員でパルひろば辰巳の受付や運営管理を担っている。また、多種多様なグループやサークルの活動も盛んにおこなわれていて、企画の参加集約や問合せなど運営にもＮＰＯえんが関わっている。

4．パルシステム東京での「集いの館」構想

生協総合研究所との共同プロジェクトでは、パルシステム東京の「集いの館」の基本コンセプトを『地域のプラットフォーム　ぱるぷらす　誰もが気軽に立ち寄れる　みんながつながり支え合う』とまとめた（図表2）。これをパルひろば辰巳で実現していくために、はるか未来の二〇五〇年ではなく、一旦二〇三〇年をゴールに想定して、目指すもの＝ありたい姿の七つをピックアップし、必要な運営や収支計画についてもあわせて検討した。

（1）みんなが集まり、集う場がある
（2）軽食とカフェコーナーがある。
（3）日常の生活に必要な買い物ができ、さまざまな申し込みができる。
（4）あらゆる相談事の窓口がある。
（5）学びたい人が学べる場である。

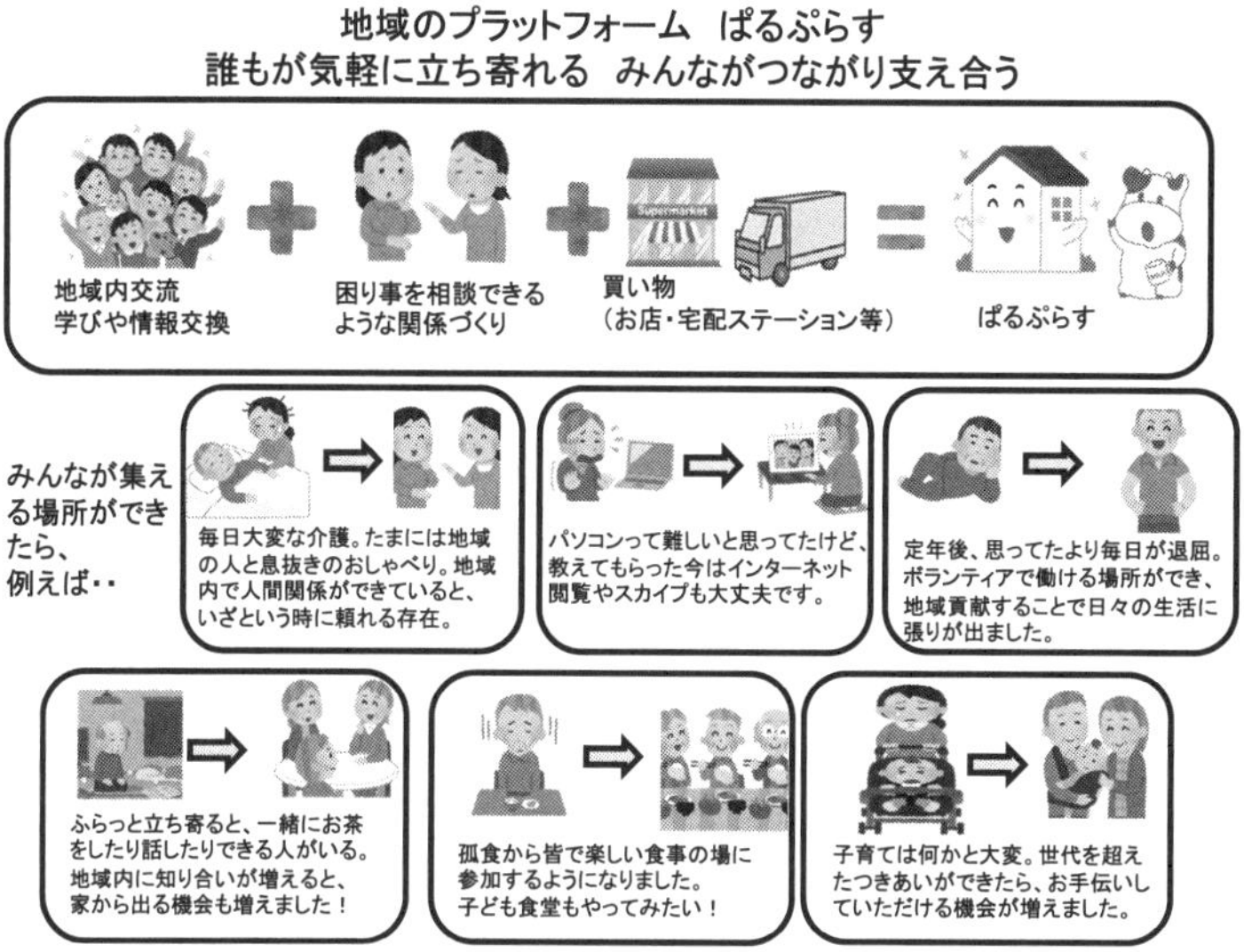
地域のプラットフォーム　ぱるぷらす
誰もが気軽に立ち寄れる　みんながつながり支え合う
地域内交流
学びや情報交換
困り事を相談できる
ような関係づくり
買い物
（お店・宅配ステーション等）
ぱるぷらす
みんなが集える場所ができたら、
例えば‥
毎日大変な介護。たまには地域の人と息抜きのおしゃべり。地域内で人間関係ができていると、いざという時に頼れる存在。
パソコンって難しいと思ってたけど、教えてもらった今はインターネット閲覧やスカイプも大丈夫です。
定年後、思ってたより毎日が退屈。ボランティアで働ける場所ができ、地域貢献することで日々の生活に張りが出ました。
ふらっと立ち寄ると、一緒にお茶をしたり話したりできる人がいる。地域内に知り合いが増えると、家から出る機会も増えました！
孤食から皆で楽しい食事の場に参加するようになりました。子ども食堂もやってみたい！
子育ては何かと大変。世代を超えたつきあいができたら、お手伝いしていただける機会が増えました。

図表２　地域拠点ぱるぷらすイメージ図

（6）みんなで子育てを行なう場であり、介護の相談もできる。

（7）サークル・サロン活動がさかんに行なわれている。

5．二〇三〇年にありたい姿のイメージとパルひろば辰巳の進捗

「集いの館」の運営は二〇三〇年には一年三六五日七時から一九時のオープンをめざしているが、現状ではパルひろば辰巳は平日一〇時～一七時（祝日休み）、月一回第三土曜日の運営に留まっている。鍵の管理などの課題もあるが、オープン時間や曜日を増やしていく上では地域のシニア、高齢者の関わりを増やしたり、関係団体とも連携して仕組み化

していく必要があり、徐々に土日の活用の頻度が高まっている。

⑴みんなが集まり、集う場がある

パルひろば辰巳には、数脚の丸テーブルと椅子があり、フリータイムには誰でも自由に活用でき、高齢者はもちろんのこと、弁当を買ってきて過ごす会社員がいたり、子連れで立ち寄ったママ友グループが楽しそうにおしゃべりし、近所の元気な小学生たちも訪れるなど地域の憩いの場になっている。また、さまざまな技術や特技をもつ地域の方に、「地元センセイ」として企画の講師になってもらい活躍の場となっている。今後、オープン時間を増やすことができれば、もっと多くの方に足を運んでもらえるだろう。また、色々な耳寄り情報も集まるハブ的な役割も強めていく必要がある。

⑵軽食とカフェコーナーがある。

フリータイムに一階のスーパーから買ってきた飲料や軽食を持ち込んで飲食するのは勿論可能であり、小さいながらキッチンスペースもあって、お茶やコーヒーなどが入れられるカフェコーナーが備わっている。また、二〇一八年度より二階のテナントのひとつにコミュニティカフェがはいり、軽食も食べられるようになった。オーナーは保護士として保護観察をおえた方たちの支援を続けてこられた方で、年一回の交流カレーパーティーを辰巳ビル三階でおこなうなど以前から協力をすすめてきた経緯がある。今後はテナントと連携して軽食の提供時間を拡大したり、メニューを増やす、そして、このカフェの運営にシニアメンバーが関わっていくことなどが検討課題である。

(3)日常の生活に必要な買い物ができ、さまざまな申し込みができる。

日常に必要な買い物はテナントの品揃えで十分確保できるものの、パルシステム商品の利用を広げていくためにも、ステーション購入や指定便（通常便とはちがい時間指定が可能な新しい配送スタイル）などを体制整備して、特に若い世代の利用につなげていきたいと考えている。また、高齢者には一緒に注文をおこなう機会をもうけるなどコミュニケーションをとりながらさまざまな申し込みもできるようにしていきたい。

(4)あらゆる相談事の窓口がある。

毎月第三土曜日におこなわれている「暮らしの相談室」ケアマネージャーや行政書士、ソーシャルワーカー等の資格をもつ地域の仲間が相談員となって、気軽に万《よろず》相談にのっている。日常のちょっとした問合せはNPOえんメンバーが出来る範囲で対応してくれているのが現状である。登録サークルなどの活動場所を三階に移すなど調整を重ねて、二〇一八年度から毎週月、水曜日を丸一日フリースペースとしたため、この時に相談コーナーを設けることを検討している。

(5)学びたい人が学べる場である。

パルひろば辰巳では組合員の活動や商品の学習会などがさまざま開催されている。また、コミュニティ・ワーク連絡会会員団体が食生活アドバイザーの養成講座をおこなっている。しかし、学べる場の提供はまだまだ発展途上の状況である。すでにパルシステム東京の大田センターでおこなっている自由塾（コミュニティ・ワーク連絡会団体のNPOユースコミュニティが運営）のように学習支援をしている地域団体との連携・協力した取り組みを進めていく考えである。また、夜間や土日に学びの場として市民講座のようなものも考えたい。

(6)みんなで子育てを行なう場であり、介護の相談もできる。

子育て支援としては、小さなお子さんでも安心して遊べる二畳ほどの保育スペースがあり、遊具・玩具・絵本・おもちゃと授乳コーナーも併設して、東京都の赤ちゃんふらっと事業にも登録されている。また、介護の相談に関してはケアマネージャーやヘルパーなど介護専門家が三階にいるため、緊急時などに相談が可能となっている。まだまだこれからだが、ちょっと子どもを周りの人が見てくれてお母さんがホッとできたり、子育ての何気ない悩みを解消できるような場にパルひろば辰巳をしていきたいと考えている。そのためにも、人生経験豊富なちょっとお節介気味の運営メンバーが必要である。

(7)サークル・サロン活動がさかんに行なわれている。

健康体操や手仕事サロン、食事会などサロン活動が盛んに行なわれている。また、自主的に活動するサークルとして、川柳や絵習字などの文化的なものから、ママヨガやバレトンエクササイズなど体を動かすものまである。男性だけの活動としては囲碁などもあり、若い世代から高齢の方まで、活発な活動が行なわれている。今後は、お互いの活動を知り、交流がすすむような仕掛けをしていくことで、地域での知り合いがふえるようにしていきたい。また、二階のフリースペースの時間を確保するために、活動を三階へ移してもらうなど調整をはじめた。

6．大切にしたい地域や行政との連携・協力

「集いの館」構想だけではなく、地域との連携やまちづくりをすすめる上では、地域の関連団体や行政などとの連携・協力は欠かすことはできないし、大切にしていかなければならない。パルひろば辰巳も地域とのさまざまな関わりがあってこそ成り立っている。ここでは、二つの事例をとり上げる。

(1)辰巳「パルの家」

地域の高齢化の課題について、小さいけれど具体的な活動をとおして、その解決にむけて取り組んでいる事例が、辰巳「パルの家」である。二〇一七年に江東区の住民主体型介護予防事業通所B型のモデル事業所としてスタートし、活動が評価されて二〇一八年度からは江東区の本格事業「ご近所ミニデイ」となった。実はこの取り組みは、地域住民が主体としておこなう介護予防事業として先行して行なわれていた世田谷区の地域デイサービス「下馬　あじさいの家」の取り組みを、江東区の介護支援協議体に委員参加している縁もあって紹介することで結実したものである。行政同士をつなぐ取り組みにもなっている。

たつみ店で働いていた元パートの田中さん、辰巳生協の元組合員委員の山田さん、二人ともつながりのあるパルシステム東京の山田職員の三人が辰巳「パルの家」をつくった立役者である。高齢独居者が増えている辰巳団地で何かできないかと思い立ち辰巳「パルの家」をつくった。

肝っ玉母さんのような二人は、もてなすのが大好きで、まずは月一回の食事会としてスタートし、あったかくて美味しい家庭料理をふるまい、おしゃべりして笑いが絶えない楽しい居場所になった(週一回の開催になった今は仕出し弁当主体になっている)。一人暮らしの参加者は、昼食を抜いたり、ありあわせで済ませる事がほとんどで、誰かとしゃべる事も少ないようだが、みんなでの食事でこれらの課題は一気に解決する。また、運動も大切。オモリをつかっての運動などで毎回汗を流しているが、今ではすっかり慣れて、オモリを購入して家でやる人も出てきた。オモリは福祉用具の部署が用意してくれ、ほんの少しだが事業貢献にもつながっている。参加者は毎週木曜日に階段をトコトコあがって来る。平らな辰巳の土地と言っても、辰巳ビルまで歩いてくるのは一苦労である。さらにエレベーターのない辰巳ビルはまさに「バリアありー」施設だが、いそいそと集まってくる。これだけでも介護予防に十分つながっているが、みんなと一緒に食べて楽しく過ごす時間は参加者にとって欠かすことのできない、待ち遠しい機会になっている。また、運営メンバーにとっても活躍の場となり、やりがいにつながり、活動に対して運営費がでることで心のハリにもなっているようだ。「楽しい、やってて良かった」「みんないい人」との声が聞かれる。山田職員は支援を続けてさまざまなノウハウを蓄積してる。こうした地域での支えあいを今後も広げていきたいと考えている。

山田さん　　　　田中さん

(2)自治会との関係

辰巳地区の自治会とは、前身生協である辰巳団地生協時代から友好的な関係が継続されてる。たつみ店が閉店してからも、毎年夏の盆踊りには理事長を含めた役員で表敬訪問をしており、盆踊りやぐらの組み立て・解体には職員が団地の住民の方にまじって協力している。昔は焼き鳥や焼きそば等の出店を出し多くの職員も手伝いにいっており、暑かったけれど楽しい思い出となっている。辰巳団地をバックにやぐらが組み上がり、見上げればバックには林立する東雲エリアのタワーマンションという、昭和と平成、過去と未来が交錯するような光景に不思議な感覚になる。

団地の子どもたちで溢れていた過去からは一辺して辰巳団地の高齢化がすすんでしったが、今は運河を渡って東雲エリアのタワーマンションからたくさんの子ども達が足を運んで盆踊りを盛り上げてくれている。そのおかげで賑わいは変わらず、新しい地域コミュニティの広がりや、時代の動きをも味方につける辰巳地区の自治会の逞しさも感じる。昨年からは準備に中学生ボランティアが加わった。地元の中学の学校方針で、ボランティアを募集したところ、十数名の生徒が参加し提灯取り付けなどを手伝ってくれた。地域の暮らしや行事に興味・関心のある子たちがいると嬉しくなるし、子どもから高齢者まで世代を超えたつながりが生まれる地域のお祭りや行事の価値をしみじみ感じる。そして、やはり小学校区くらいの範囲での顔の見える関係づくり、コミュニティづくりが大切だと再認識させられた。

7. 終わりに

以上のようにパルひろば辰巳を中心に、パルシステム東京のめざす姿や今すすめている取り組みについて報告した。「集いの館」としての必要機能(買い物、相談、フリースペース)を、パルひろば辰巳を含む辰巳地区の地域資源でかなり賄えていることが分かった。開設当時に描いた夢を、時間をかけながら資源をつないで形にしてきたパルひろば辰巳は、「集いの館」構想を先駆けた、とても生協らしい取り組みだと思う。

ただし、多世代交流ひろばと銘うっておきながらも、世代を超えた何気ない日々の交流にまでは到達してはいないことを受けとめなければならない。交流が生まれる仕掛けや運営方法については引き続き検討していく。また、地元センセイや辰巳「パルの家」の担い手などの活躍は目覚しいものがあるが、「集いの館」の運営者としてのシニアや高齢者、特に男性の活躍の機会を今後いかにつくっていくかは大きな課題となる。

パルシステム東京として今後すすむべき方向性は、それぞれの地域で抱える課題について、地域にある資源を活かして、地域住民、諸団体との連携によって、それぞれの足りない部分を補いながら、解決にむけた取り組みことだと考える。その主体は地域に住む組合員である。今後、地域づくり・まちづくりとして「集いの館」構想を位置づけて、みんなで共有し、さまざまな地域で特徴をいかした「集いの館」をつくっていきたい。

第2部

2050年–地域生協のミッション・ビジョンの提言

第6章　現在のミッション・ビジョンをテキストマイニングで比較する

玉置　了

1. はじめに

本章では、地域生協（以下、生協と略す）のミッション・ビジョンの特徴を小売企業との比較、特にマーケティングの視点から考えたい。マーケティング研究者のコトラーとケラー（二〇一四）に拠ると、明確で考え抜かれたミッション・ステートメントは組織を動機づけ、方向付けるという。さらにコトラーらは、良いミッション・ステートメントの条件として、（1）限られた数の目標に的を絞っているか、（2）大切にしたい理念と価値が強調されているか、（3）対象とする競争領域が明確かという点を挙げている。第一の目標の焦点化は、組織の動機づけ・方向性を明確にし、第二の理念と価値の強調は組織の行動を一貫したものとし、第三の競争領域の明確さは競争や社会における自組織の存在価値を独自なものとして明確にする行動を促す役割を果たすといえる。

本章では、現状の生協におけるミッション・ビジョンにおいて組合員と職員、そして経営がどのように位置づけられているかを明らかにし、その課題を検討する。上記の（1）～（3）をもとに、第一に生協のミッション・ビジョンでは、組合員・職員に対し、どのような価値を、どのように提供しようとしているのか、また経営における価値とは何か、その目標が明確に焦点化されているかという点を検討する。第二の検討課題は、生協のミッション・ビジョンは組合員・職員・経営の視点から生協の理念・価値を強調しているかという点である。理念と価値については個々の生協によって異なるであろう。そこで本章では、日本生協連と全国の生協が一九九七年に策定した生協の二一世紀理念「自立した市民の協同の力で人間らしいくらしの創造と持続可能な社会の実現を」を基準とする。第三の競争領域については、現在の地域生協がおかれた競争領域として小売業を取りあげる。組合員・職員・経営の各視点から、ミッションやビジョンにおいて生協の存在価値が競争的・社会的に明確にされているかを検討する。また、本章では、テキストマイニングと呼ばれる手法を用いて検討を進める。この分析手法の詳細については、章末の補足を参照頂きたい。

2. 組合員とミッション・ビジョン

(1) 組合員と関連して用いられる言葉

図表1には、左列に生協のミッション・ビジョンの文中で組合員という語と関連して使用される語を示した。右列には小売企業が顧客やお客(様)の語に関連して用いる語を示している。なお本章で示す結果は、分析対象(章末を参照)となった全ての生協・小売業にはあてはまるものでは無い。全体的にみて関連性が比較的多く見られたケースが示されている。

図表1は、生協のミッション・ビジョンでは、組合員と願い(H)、声(I)、安心(O)の語が同時に用いられる(共起する)文章が多いことを示している(各語のアルファベットは図表中のアルファベットと一致している)。一方で、小売企業では顧客と満足(c)、豊かさ(g)が多く共起していることが示された。安心(o、q)の語は共通してみられるが、類似した言葉として安全(P)は生協だけに見られ、健康(p)は小売業だけに見られた言葉である。この目標を実現する手段を示す語として、生協は事業(D)、商品(J)で応える(K)と活動(B)・参加(E)で実現(F)、小売企業は商品(e)の提供(a)を通じて貢献(b)という言葉が見られる。

(2) 組合員に関する目標は明確に焦点化されているか？

以上から生協は組合員の願い・声・安全を事業・商品で応え、活動・参加で実現すること、小売企業は顧客の満足・豊かさ・健康に商品の提供を通じて貢献することを目標としているということがわ

■生協					■小売企業				
	順位	語	共起	Jaccard		順位	語	共起	Jaccard
A	1	生協	32 (0.288)	0.165	a	1	提供	8 (0.143)	0.131
B	2	活動	24 (0.216)	0.163	b	2	貢献	8 (0.143)	0.118
C	3	職員	20 (0.180)	0.159	c	3	満足	6 (0.107)	0.107
D	4	事業	28 (0.252)	0.155	d	4	信頼	7 (0.125)	0.106
E	5	参加	21 (0.189)	0.152	e	5	商品	7 (0.125)	0.105
F	6	実現	16 (0.144)	0.101	f	6	目指す	6 (0.107)	0.088
G	7	地域	20 (0.180)	0.096	g	7	豊か	6 (0.107)	0.087
H	8	願い	10 (0.090)	0.079	h	8	地域	7 (0.125)	0.086
I	9	声	9 (0.081)	0.079	i	9	企業	7 (0.125)	0.086
J	10	商品	9 (0.081)	0.071	j	10	価値	5 (0.089)	0.079
K	11	応える	8 (0.072)	0.070	k	11	実現	5 (0.089)	0.077
L	12	多様	8 (0.072)	0.070	l	12	生活	5 (0.089)	0.071
M	13	力	10 (0.090)	0.069	m	13	支持	4 (0.071)	0.070
N	14	経営	10 (0.090)	0.069	n	14	原点	4 (0.071)	0.070
O	15	安心	11 (0.099)	0.066	o	15	取引	4 (0.071)	0.068
P	26	安全	8 (0.072)	0.055	p	24	健康	3 (0.054)	0.053
					q	29	安心	3 (0.054)	0.052

図表１　[組合員・顧客・お客] との関連語

かる。両者にどのような違いがあるのだろうか。両者を比較すると、小売企業の方が満足・豊かさ・健康の語に見られるように、現在の消費者が求めるニーズを具体的に指し示した言葉を用いているようだ。一方で、生協が用いる願い・声・安全という言葉はより抽象度が高く、消費者はどのようなモノやコトを求め、何のために安全を求めるのかということが見えにくい。組織の行動を動機づけ、方向付けるというミッション・ビジョンの目標性という視点から見ると、小売企業のように顧客の満足や豊かさ、健康というゴールを明確に示した方が、個々人の結束した行動が促されるのではないか。さらに生協では、目標の実現手段が事業や商品、活動と参加という二つの要素が存在し不明瞭さを生み出している。生協がミッション・ビジョンによって組織を動機づけ、方向付けるには、目標として組合員の何をどうするのか、また何を事業で応え、何を活動で実現するのかという点について具体的な記述が必要だといえよう。

(3)組合員に関する理念・価値観が強調されているか？

一方で、抽象的であるとはいえ、消費者の願いや声を追求するという表現は、深く包括的に消費者の生活を捉え、人間らしいくらしの創造にアプローチしようとする生協の理念や価値観を感じさせるのも確かである。また安全という語も消費者個人の健康だけでなく、人類と動植物の持続可能性という意味で捉えれば、持続可能な社会の実現という生協の理念性を感じさせる語である。

しかし、願いや声を事業や商品で「応える」という言葉に着目すると、求める者と応じる者を前提とした語であり、協同という理念との不一致を印象づける。その意味で、ミッション・ビジョンでの「応える」という語は生協の大切な理念や価値観の強調を減じているのではなかろうか。

⑷組合員の視点から競争が明確に意識されているか?

生協のミッション・ビジョンにおいて組合員と関連して特徴的に用いられる願い・声、安全の実現という語を小売企業との競争の視点から再検討しよう。願い・声という語からは消費者の生活をより本質的に捉えようとする姿勢を垣間見ることができ、生協に小売企業よりも消費者の生活上の多様なニーズを満たそうとしているというイメージをもたらしている。また、安全を持続可能性という視点で捉えるのであれば、消費者の個人の健康を超えた、より倫理的(エシカル)な存在としての小売企業との差異をアピールしている。参加や活動という言葉もまた、競争上の差別化としての意味を持つであろう。しかし、顧客としての目線から見ると、「あなたの願い・声・安全を事業と参加で実現します」というよりも「あなたの満足、生活の豊かさ、健康を商品で実現します」と宣言する小売業の方がより明解で魅力的に映るのでは無かろうか。生協のミッション・ビジョンは、意味的には競争的な優位性は無いとはいえない。しかし、顧客に対する伝わりやすさという面で課題を残しているといえよう。

3．職員とミッション・ビジョン

(1)職員と関連する言葉

図表2に生協は職員、小売企業は従業員・社員と関連する語を示した。生協のミッション・ビジョンでは職員と組合員（A）、（声に）応える（C）という語が強く関連し、また力（F）・元気（H）を発揮（B）し、能力の向上（D）・成長（O）という語との関連性が示された。一方で、小売企業では、社員・従業員という語と、個人の能力（a）や自己（f）の成長（g）、自己実現（c）、職場（e）（原文では人の和や幸せを実現する職場づくりという表現）という語が関連している。

以上の結果から、生協のミッション・ビジョンでは、職員は組合員の声に応えるために力や元気を発揮し、能力向上をめざす存在として位置づけられている。一方で、小売企業は、個の成長や自己実現、良好な職場関係というように全人的存在として従業員を位置づけているという違いが見えてくる。

(2)職員に関する目標は明確に焦点化されているか？

目標は焦点化されているといえるが、組織の動機づけ・方向付けという視点から考えると生協のミッション・ビジョンにはいくつかの問いが生まれる。現代の労働において人々は自分自身の生きがいや成長、個人としての幸せを求めるという傾向がある。その中で、組合員の願い・声に応えるというミッ

■生協

	順位	語	共起	Jaccard
A	1	組合員	20 (0.571)	0.159
B	2	発揮	5 (0.143)	0.116
C	3	応える	4 (0.114)	0.095
D	4	向上	4 (0.114)	0.093
E	5	多く	4 (0.114)	0.087
F	6	力	6 (0.171)	0.082
G	7	それぞれ	3 (0.086)	0.073
H	8	元気	3 (0.086)	0.070
I	9	声	3 (0.086)	0.068
J	10	進める	3 (0.086)	0.067
K	11	自立	3 (0.086)	0.063
L	12	組織	4 (0.114)	0.059
M	13	生協	8 (0.229)	0.056
N	14	人	5 (0.143)	0.056
O	15	成長	3 (0.086)	0.055

■小売企業

	順位	語	共起	Jaccard
a	1	能力	4 (0.200)	0.191
b	2	企業	8 (0.400)	0.182
c	3	実現	5 (0.250)	0.172
d	4	人	4 (0.200)	0.160
e	5	職場	3 (0.150)	0.150
f	6	自己	3 (0.150)	0.150
g	7	成長	4 (0.200)	0.143
h	8	働く	3 (0.150)	0.143
i	9	会社	3 (0.150)	0.120
j	10	発展	3 (0.150)	0.111
k	11	高い	3 (0.150)	0.103
l	12	生産	2 (0.100)	0.095
m	13	維持	2 (0.100)	0.095
n	14	評価	2 (0.100)	0.095
o	15	風土	2 (0.100)	0.095

図表2　[職員・社員・従業員］との関連語

ション・ビジョンが、職員の動機づけとして有効に機能するであろうか。組合員のためにという言葉を利他性の追求に意味づけるのであれば、誰かの役に立つことが実感できる労働は、一般の小売業にはない働きがいとなりうる。また、行動の方向付けという視点からも生協のミッション・ビジョンにとって重要な言葉となろう。しかし、近年の生協の実践では組合員の願いや声に応えるという言葉は、利他性というよりも、サービス業の従業員としてあるべき姿を述べるときに用いられているのではなかろうか。無論、サービス業として顧客（組合員）の声に応えるということは重要な視点である。しかし、ミッションやビジョンで記述すべき点であるかどうかは議論の余地があろう。

(3) 大切な理念や価値観が強調されているか？

自己の成長や幸福の追求では無く、自立した市民の協同の一主体として誰かのために力を発揮するという職員の位置づけは、生協の理念や価値観が強調されていると見ることができる。一方で、前節でも検討したように、「応える」という言葉を用いることで組合員と職員との関係を、求める者と応じる者という関係に規定している。この協同の一主体としての職員とサービス業の従業員としての職員という異なる存在定義は、職員の行動の一貫性に不調和をもたらす要因となろう。

(4) 職員の視点から競争が明確に意識されているか？

職員にとって生協のミッション・ビジョンは、自身を協同の一主体として認識させ、またやや意地悪な見方をすれば組合員に対する奉仕者として認識させ、そのために元気や力を発揮し、成長せよと宣言しているようにも見える。その実態はどうであれWebサイトなどに掲載される組織のミッションやビジョンは個人が職場を選択する際の重要な情報源となる。そこに成長や幸福、個人としての尊重がミッションやビジョンとして明示されていない職場に魅力を感じるであろうか。また、働く職員に対して、将来の自身の成長や幸福を推奨してくれないミッションやビジョンに、この生協にとどまり続けようという意志を促すであろうか。今日では人手不足により、人材の獲得・維持が課題となっている。他者の喜びや持続可能な社会づくりだけで無く、利他的な協同への参加が、自身の成長や喜びの実感に繋がるミッション・ビジョンとその実践が必要ではなかろうか。

4. 経営という言葉から

(1)経営と関連する語

次に、生協と小売企業とで共通する目標として「経営」という語に着目したのが**図表3**である。生協と小売企業とで成長(F、c)や発展(E)という語が共通してみられる。しかし詳細に見ると大きな違いが見てとれる。生協は安定(A)・健全(B)、(経営)基盤(C)、強化(H)という語に代表されるように、現状の経営を「守る」という現状への志向が見てとれる。一方で、小売企業では新しい(f)、新た(h)、

■生協

	順位	語	共起	Jaccard
A	1	安定	11 (0.244)	0.159
B	2	健全	9 (0.200)	0.116
C	3	基盤	8 (0.178)	0.095
D	4	事業	17 (0.378)	0.093
E	5	発展	7 (0.156)	0.087
F	6	成長	5 (0.111)	0.082
G	7	元気	4 (0.089)	0.073
H	8	強化	4 (0.089)	0.070
I	9	変化	4 (0.089)	0.068
J	10	実現	7 (0.156)	0.067
K	11	組合員	10 (0.222)	0.063
L	12	期待	3 (0.067)	0.059
M	13	参加	5 (0.111)	0.056
N	14	責任	3 (0.067)	0.056
O	15	参画	3 (0.067)	0.055

■小売企業

	順位	語	共起	Jaccard
a	1	理念	5 (0.357)	0.278
b	2	志	2 (0.143)	0.133
c	3	成長	3 (0.214)	0.135
d	4	参画	2 (0.143)	0.125
e	5	全員	2 (0.143)	0.125
f	6	新しい	2 (0.143)	0.118
g	7	創業	2 (0.143)	0.118
h	8	新た	2 (0.143)	0.111
i	9	取り組む	2 (0.143)	0.105
j	10	挑戦	2 (0.143)	0.105
k	11	尊重	2 (0.143)	0.105
l	12	事業	2 (0.143)	0.083
m	13	創造	2 (0.143)	0.077
n	14	企業	3 (0.214)	0.070
o	15	モデル	1 (0.071)	0.063

図表３　［経営］との関連語

挑戦（j）、創造（m）というように、未来への志向が強く印象づけられる。また、いずれもごく少数の共起であるが、双方に協同を示す言葉がみられた。しかし、小売企業の参画（d）・全員（e）という語のほうが生協の参加（M）、参画（O）よりも経営という言葉と強い関連性をもって用いられている。

⑵経営に関する目標は明確に焦点化されているか？

生協は経営基盤の安定や健全性、強化を目標としている。一方で、小売企業は全員の参画による新たなことへの挑戦や創造を目標としている。このように生協・小売企業とも経営の焦点は明確にされているといえる。しかし、組織の動機づけの視点から見ると、新たな挑戦や創造を謳う小売企業のミッション・ビジョンの方が、困難に立ち向かいながら新たな価値を創造するという面で、組織に関わる人々を奮起させる言葉が列挙されているといえよう。

⑶大切な理念や価値観が強調されているか？

一方で、健全な経営基盤の安定や強化というミッション・ビジョンは、持続可能な社会の創造を目指す基盤としての経営を目指すという意味で生協の理念や価値観が強調されているといえる。しかしながら、参加・参画という語と経営という語の関連性の弱さは、生協の理念の強調という面では十分に反映されていない。このことは生協では経営と参加・参画という概念が分離してとらえられていることを示している。

⑷経営の視点から競争が明確に意識されているか？

ミッション・ビジョンにおける競争的な視点から捉えると、先に述べた経営基盤の安定や強化を目指す生協の経営の位置づけは、消費市場・労働市場において、生協に退屈なイメージを与える要因になりかねない。現代人にとって消費や労働において、新奇性や挑戦による刺激、またそれを期待する夢が生活の豊かさとして求められるのも事実である。もちろん、経営基盤の安定や強化をするためには挑戦的で創造的な行動が求められよう。持続可能な社会にむけて経営の安定を維持することも夢のある仕事だとも考えられる。言葉の問題であるが、新しい挑戦や創造という言葉の無さが、生協の存在に対する躍動的なイメージや「ワクワク感」を損ねる一要因となっているのではなかろうか。

5．おわりに

本章での分析と考察を踏まえると、生協と小売企業のミッション・ビジョンの特徴は**図表4**のようにまとめられる。生協のミッション・ビジョンは、協同組合としての理念や価値観の強調は充分になされているといえる。しかし、ビジネスの論理が理念との不一致を生み出したり、抽象的であるため

	生協	小売企業
組合員・顧客	願い・声の協同・活動・参加による実現	商品の提供と購買による満足・生活の豊かさ
職員・従業員	協同の担い手・主体、利他的な協同志向	個人の自己実現・幸福の尊重、良好な職場関係
経営	持続可能な社会の創造のための経営基盤の維持・強化	新たな挑戦・創造

図表４　生協と小売企業のミッション・ビジョンの特徴

組織に関わる人々の行動を動機づけ、方向付けるという面で課題を残している。また競争という視点から見ると、ミッション・ビジョンは経営者としての指針だけでなく、消費者や労働者へのメッセージであるという役割を認識する必要がある。本章の分析で用いたデータはその多くがＷｅｂサイトから収集したものである。一般の消費者やこれから生協で働こうとする人々が自生協のミッションやビジョンを見たとき、比較対象となる小売企業と比べてどのように映るかという点も考慮せねばならない。もちろん、小売企業が本章で述べたような顧客の生活の豊かさや従業員の個人としての尊重を実現できているわけでは無い。むしろ課題であるからこそミッション・ビジョンとして掲げている面もあろう。冒頭であげたコトラーとケラー（二〇一四）は、ビジョンを次の一〇年、二〇年の組織の方向性を指し示す「ほとんど不可能な夢」だとする。不可能な夢を描くからこそ、人はそれに立ち向かおうとし、それに立ち向かおうとする人を応援しようという気持ちを抱く。生協には現状のミッション・ビジョンにあるような大切な理念・価値観を残しつつ、消費者・労働者、市民の一貫した行動を動機づけるミッション・ビジョンが求められよう。

補足：分析について

(1) データ

本章で用いたデータは、生協総合研究所から提供を受けた。地域生協のミッション・ビジョンは二〇一六年度の総事業高が上位五〇の生協と各都道府県の総事業高が一位の生協のものである。二〇一七年六月下旬から七月中旬にかけて各生協のWebサイトからミッション・ビジョンに該当する記述を収集し（三〇生協）、記述がない生協には八月に各生協のミッション・ビジョンに関する部門にメール・郵送により理念・ビジョンの提供を依頼した（一九生協）。小売企業は『ダイヤモンド・チェーンストア』誌二〇一七年七月一日号の「SM三三社経営指標ランキング」より（一）スーパーマーケット二四社（営業利益一、〇〇〇億円以上）、（二）GMS上位三社、（三）コンビニエンスストア上位三社を抽出し、各企業のWebサイトよりミッション・ビジョンにあたる記述を取得した。

(2) 図表の見方：関連語分析

本章の分析はテキストを統計的に分析するためのソフトウェアであるKH Coder ver. 2.0.fを用いた

（同ソフトについては樋口（二〇一四）を参照）。各図表は関連語検索の機能による結果である。なお、抽出にあたっては、固有名詞、組織名、人名、地名、ひらがなのみの語、ソフトウェアが未知語と判断した語は解釈上の理由から除外した。図表中の「共起」の列には生協又は小売企業のミッション・ビジョンの文中に、表題に示したキーワードと表中の「語」列との共起した回数を、カッコ内にはキーワードが含まれる文にその語が出現する確率を示した。Jaccard列の数値は、一に近いほどキーワードと各列の語の類似度・関連性が強いことを示す係数であり、表はこの係数順に一五位まで掲載した。なお、一五位以下でも特に着目すべき語は順位とともに併記した。本章の分析では句点で一文を区切り、その中での共起・類似性を算出している。また、分析にあたっては原文を参照することで実際に各語が用いられている文脈を確認することが重要である。本章でも原文の確認を行った上で考察を述べている。ただし、本章では紙幅の都合上、原文の掲載は割愛した。

参考文献

フィリップ・コトラー、レビン・ケラー『コトラー&ケラーのマーケティング・マネジメント　第一二版』、丸善出版、二〇一四年
樋口耕一『社会調査のための計量テキスト分析』、ナカニシヤ出版、二〇一四年

第7章　二〇五〇年の情勢予測と新たな事業戦略

渡部博文

1. はじめに

地域生協の将来のミッション・ビジョンは環境の変化や、それに対応した事業戦略に影響されるため、二〇五〇年の事業戦略を想定することで有用な将来の地域生協のミッション・ビジョンを策定することができる。また、将来の地域生協において「集い館」が受け入れられるのかを確認することにもつながる。本章ではこれらを目的に、地域生協の持つ「強み」と「弱み」、地域生協を取り巻く「機会」と「脅威」を基にしたSWOT分析により二〇五〇年の地域生協の事業戦略を抽出した。

2. SWOT分析とは

ＳＷＯＴ分析は下表の様なマトリックスを作成し、内部環境として自社の持つ経営資源の強みと弱み、外部環境として自社を取り巻く機会と脅威を抽出する。次に、クロスＳＷＯＴ分析として、それぞれの交点について自社がとるべき戦略を考える手法である。

3. 地域生協のSWOT分析

(1)内部環境と外部環境の抽出の視点

地域生協のＳＷＯＴ分析に際し、二〇五〇年時点の内部環境は想定が困難なため、現時点の地域生協の店舗や宅配といった分野毎に強みと弱みを抽出した。外部環境は「二〇五〇年　超高齢社会のコミュニティ構想」で想定した機会と脅威を中心に抽出した。

①強み と弱み・機会と脅威の抽出（ＳＷＯＴ分析）

内部環境	強み（strength）	弱み（weakness）
外部環境	機会（opportunity）	脅威（threat）

↓

②戦略の組み立て（クロスＳＷＯＴ分析）

内部環境 ＼ 外部環境	強み（strength）	弱み（weakness）
機会（opportunity）	機会を勝ち取る戦略	弱みを改善する戦略
脅威（threat）	脅威に立ち向かう、 脅威を機会に変える戦略	弱みと脅威の最小化、 縮小・撤退戦略

(2)内部環境と外部環境の抽出結果

内部環境（経営資源）では、生協の「強み」として、宅配や店舗などの事業に加え、安心・安全といったブランド価値、食の安全や地域の課題に関わる取り組み等を抽出した。生協の「弱み」として赤字の店舗事業、複雑な運営組織、若年層のニーズに対応しきれていない、員外利用の制限等を抽出した（図表1）。

外部環境では「機会」として高齢者を対象とした介護や食事の提供・社会参加等のニーズの増加、高齢者の就労、簡単に調理できる食材ニーズの増加等を抽出した。「脅威」として食材需要の減少、高齢層の孤立化・困窮化、若年層マーケットの縮小等を抽出した（図表2）。

4．クロスSWOT分析から見る地域生協の事業戦略

(1)事業戦略抽出の視点

クロスSWOT分析による事業戦略は宅配や店舗といった地域生協の事業分野ごとに縦割りで抽出することも可能であるが、議論が広がりすぎるため、二〇五〇年における地域生協の事業・活動・運営といった組織全体に関わる横断的な視点での抽出を行った。また、SWOT分析では現在の事業の

分野	強み（Strength）	弱み（Weaknesses）
宅配	・宅配事業により個別に組合員と対面で毎週食料品や日常雑貨の配送（常温、冷蔵、冷凍）ができる。経営効率が高い。	・基本的に週１回と事前注文集約。 ・配達担当者の恒常的な人手不足。
店舗	・店舗事業により組合員へ食料品や雑貨・衣料などの供給ができる。 ・地域生協の店舗として組合員に支持されている。	・主要生協トータルでは店舗事業は赤字である。 ・基本的に員外利用は認められていない。
PB商品	・PB（プライベートブランド）として多数のコープ商品を開発しており一定の支持はある。	・大手流通業のPBを凌駕しきれていない。 ・リニューアルが他チェーンより時間がかかる。
介護	・地域生協や医療生協で介護事業を強化しており、介護ニーズの増加に対応している。生協間連携も進んでいる。	・地域生協の介護事業は事業規模が小さく、経営的に厳しい。今後も黒字構造の展望は厳しい。
通販	・カタログ事業により家具や衣料・生活用品といった商品を供給することができており、一定の収益力も確保できている。	・店舗の組合員には事業そのものが認知されていない。 ・配送費の値上げにより損益悪化が想定される。
共済	・共済事業により医療を中心として価格や品質に競争量のある商品を展開しており保障ニーズに対応することができる。収益性も確保できている。	・組合員の家計に占めるシェアが少なく、男性の加入が相対的に少ない。 ・医療と死亡保障以外の商品ニーズには十分対応できていない。 ・今後の加入者の純増が厳しい面がある。
ブランド	・地域生協には安心・安全といったブランド価値がある。 ・「生協は安心」と考える組合員が多くいる。	・他企業でも安心・安全という取り組みは進んでいる。 ・食品事故等によりこの価値そのものが毀損しやすい。
組合員活動	・班（グループ）活動、組合員活動があり、食の安全や、地域の課題に関わる取り組みがされている。自治体や社協、NPO等との連携が行われている。	・組合員活動へ参加する組合員が減っている。 ・経営構造において費用が相当な負荷となっている。
運営	・総代会、理事会、地域委員会等組合員が地域生協の意思決定に参加できる機関運営がある。	・理事会や総代会の運営プロセスにおいて意思決定に時間を要する面がある。運営組織も地域生協以外に連合会や都県連があり複雑になっている。 ・事業分野ごとに縦割り的な運営がされている。
教育・理念	・協同組合の理念があり教育活動が行われている。	・教育のために一定のコストが必要。 ・理念が十分には浸透していない面がある。 ・職員個人の成長や喜びがミッション・ビジョンにない。 ・積極的なチャレンジ精神が不足している。
組合員の高齢化	・固定的な組合員層による継続的な利用がある。	・食品の消費の多い年齢層の減少に伴い利用が減少する。 ・若年層のニーズに対応しきれていない。
協同組合間協同	・生協の多様なネットワーク（医療生協、福祉生協、共済生協、労働金庫等）がある。	・連携や提携は行われているが、意志の合意に時間を要する。 ・協同の価値の評価が難しい。 ・協同組合法が制定されていない。
生協法	・税制上の優遇措置がある。 ・組合員による出資金がある。 ・員外利用は制限されているが、例外措置はある。	・員外利用の制限がある。 ・事業エリアが隣接する都府県に限定されている。 ・出資者が限定されている。

図表１　内部環境（経営資源）　地域生協の強みと弱み

カテゴリー	機会（Opportunities）	脅威（Threats）
超少子高齢・人口減少の継続	・高齢層を対象にしたニーズ（介護や食事の提供、社会参画支援等）の増加。	・20～50代の生産人口の減少と税収減。
高齢者の社会的排除	・高齢者への社会参画支援ニーズの増加。	・高齢者の孤立化、困窮化の増加。
90歳を超える女性の増加	・90歳を超える高齢層を対象にしたニーズの増加。	・身体の不自由な人の増加。介護対象者の増加。
高齢単身世帯が標準世帯	・家族中心主義から共同生活型のくらしに転換していくことにより、より地域社会の存在が重視される。 ・食事の提供等のニーズの増加。 ・家族介護の減少に伴う介護ニーズ増加。	・食材そのものの需要の減少。 ・若年層マーケットの縮小。
標準的な家族の変容・崩壊	・単身世帯が増加し、より地域社会における共同体的な組織が必要となる。 ・少量で簡単に調理できる即食タイプの食品等のニーズの増加。 ・家族間コミュニケーションから新たな共同体コミュニケーションのニーズ増加。	・食材、とりわけ非加工品の需要の減少。 ・伝統的な家族的価値観の転換に伴うビジネス需要の減少。
元気な高齢者	・高齢層を対象にしたニーズ（介護や食事の提供、社会参画支援等）の増加。	・地域社会とつながりを持てない高齢者の増加。
大介護の時代	・介護事業ニーズの増加。	・介護する人材の恒常的な不足。
空き家の激増	・新たな地域社会の拠点として空き家の活用ができる。 ・土地制度そのものが抜本的に見直される。	・近所づきあいの減少、限界集落、治安の低下。
自治体の「消滅」と「統合」	・行政サービスの民間移行によるビジネスチャンス発生。 ・地域社会における住民の相互扶助の機会が増える。	・行政サービスの縮小もしくは消滅。
高齢者の多様な就労	・労働力不足を高齢者の就労で補うことによる雇用率の向上。	・背景に収入や貯蓄が乏しく働かざるを得ない高齢者の増加も。
台所・食卓の変化	・簡単に調理できる食材のニーズの増加。	・くらしに関わる技術の衰退。
世代間の助け合い	・世代内でも双方向が支え合える社会へ。	・相互扶助を行う地域社会の仕組みづくりが難しい。
ジエンダー格差の解消	・女性の就労や賃金増による消費の拡大。	・90歳を迎える男女比は2：8かそれ以上となる。
民間の助け合い（商助）	・行政や関連団体が担ってきた事業が民間に移行し新たなサービス提供につながる。	・営利目的のみを追求すると経済的困窮者へのサービスレベルが低下する。
都市と地方の格差拡大	・地域社会ごとの独自性が高まっていく。 ・住民のニーズが国、都県単位から細分化しきめ細かさが必要になる。 ・地方の過疎地域でくらしの必需品のニーズが高まる。	・地方では人口減少・過疎が進行し、店舗等施設の維持が困難になる。 ・大都市への人口集中が加速する。
AI、ロボット技術の進化	・さまざまな人間が行う作業の代替が可能となる。 ・配送の自動化・効率化。代金支払のシステム簡略化。	・技術革新がどのレベルまで進むか予測が困難。 ・職種によっては消滅し、既存のスキルが不要となる。
年金や医療の後退	・私的な保障に対するニーズが強まる。	・医療費の増加や年金の減少により生活が厳しくなる。 ・高齢層における貧困が拡大する。
認知症になる人が増加する。	・認知症予防の食事や生活習慣改善のニーズの増加。 ・医療技術の進展によっては縮小可能。	・介護する人材の恒常的な不足。
流通小売業の業態再編	・業態類型（フォーマット）の枠組みを超えた再編が進む。 ・従来の店舗事業と無店舗事業の垣根がなくなる。 ・ＳＤＧｓの取り組みが積極的に進められる。 ・個人顧客のデータ分析から販売行動をすべて予測したマーチャンダイジングが実現する。	・より競合・競争が厳しくなる。

図表2　外部環境　2050年における地域生協を取り巻く機会と脅威

延長線上で戦略を策定しがちになる傾向があるため、今回は少子高齢化の進行した地域社会の課題に対応する「集いの館」の様な新しいビジネス（ソーシャルビジネス）に関わる点を中心に事業戦略を抽出した。

⑵クロスSWOT分析により抽出した地域生協の事業戦略

①強み×機会（機会を勝ち取る）

クロスSWOT分析により抽出した地域生協の事業戦略を**図表3**にまとめた。クロスSWOT分析では「強み×機会（機会を勝ち取る）」のエリアが最も魅力的な戦略案となる。このエリアでは地域生協の持つ多分野での事業運営、地域に根ざした組合員活動、協同組合としての理念や教育といった「強み」を基に、高齢者の居場所・食事・社会参加といったニーズ（機会）に対応する「新しい地域社会コミュニティ作り」「地域生協がソーシャルビジネスとして『集いの館』の運営に積極的に関わる」等を戦略として抽出した。

②弱み×機会（機会を生かすための弱みの改善）

このエリアは二番目に魅力的な戦略案となる。このエリアでは店舗などの赤字の事業分野、複雑な運営組織、生協法によるさまざまな制限といった「弱み」と高齢層などを対象としたビジネスニーズの増加という「機会」から運営組織の改革、生協法の改正などにより新たなソーシャルビジネスを持

１．強み(Strength)×機会(Opportunities)	２．弱み(Weaknesses)×機会(Opportunities)
機会を勝ち取る。	機会を生かすための弱みの改善。
①協同組合として民主主義、平等、公正を大切にした運営形態で新しい地域社会コミュニティを作る。	①安定した経営基盤を確立する。従来のように宅配事業に依拠するのではなく、さまざまな事業を行うことにより安定した収入を確保し持続可能な組織となる。
②だれもが安全で安心してくらせる地域社会を主体的に運営もしくはサポートし相互扶助がなされている地域社会を実現していく。	②運営組織の抜本的な変革を行う。従来のようなさまざまな連合会、都県連、地域生協のような組織体ではなく、機能と目的から整備した本部機能と自主的な現場機能の確立を行う。
③地域社会における新たなソーシャルビジネス(社会的企業)を創造し、地域ごとに独自性があり安定した経営が可能な組織体を確立する。	③生協法を改正する。協同組合として役割をさらに発揮できるよう協同組合法を制定するとともに、現在の生協法の員外利用、事業地域枠限定等の制限を改正する。
④新たなソーシャルビジネスのひとつとして「集いの館」の運営に携わり積極的に全国に拡大していく。	④組合員が互いに助けあって活躍し、職員が学習に積極的にチャレンジし続け成長していくことをビジョンに明確に位置づける。
３．強み(Opportunities)×脅威(Threats)	４．弱み(Weaknesses)×脅威(Threats)
脅威にどう立ち向かうか。脅威を機会に変える。	弱みと脅威の最小化、縮小・撤退
①単身世帯に向けたサービスを確立する。単身世帯向けだけではなく、単身者が共同でくらしに関わる(くらしを支え合う)場合へのサポートも行う。	①現在の各事業の縦割り的な事業構造を撤廃し、事業そのものが横断的な新たな組織を作る。
②高齢者のニーズに対応した事業を軌道に乗せる。食・住の分野のみでなく高齢者のくらし全体をサポートする事業を確立する。	
③積極的なＡＩ・ロボット等の先端技術の導入を進め、利用しやすい仕組み作りと高い生産性を両立する。	
④若年層へ協同組合の理解を進めるための研修・教育を強化し、次の時代の利用につなげていく。	

図表３　クロスＳＷＯＴ分析による地域生協の事業戦略

続可能な事業として確立すること等を戦略として抽出した。

③強み×脅威（脅威にどう立ち向かうか。脅威を機会に変える）

このエリアでは、宅配や店舗事業に加え、地域に関わる課題への取り組み、協同組合としての理念や教育といった「強み」により、組合員の高齢化・食材ニーズの減少という「脅威」に対処する視点で、単身世帯向けサービスの確立・高齢者のくらし全体をサポートする事業の確立・若年層への浸透等を戦略として抽出した。

④弱み×脅威（弱みと脅威の最小化、縮小・撤退）

このエリアでは、「縦割り的な事業構造を撤廃し、横断的な新たな事業組織作り」を弱みの最小化を図る戦略として抽出した。

5. おわりに

将来の地域生協のミッション・ビジョンを論議するための材料として二〇五〇年の地域生協の事業戦略案をクロスSWOT分析により抽出した。この中で最も魅力のある戦略として「新しい地域コミュニティを作る。」「だれもが安心してくらせる地域社会を実現する。」「新たなソーシャルビジネスとして『集いの館』の運営に積極的に関わる。」等を抽出した。

これらは将来の地域社会における新たなコミュニティ作り、高齢者の社会参画、利用しやすい食事や食材の提供といった切実なニーズに応えるため、地域生協が積極的な役割を発揮するための戦略であり、ミッション・ビジョンの柱となるものではないだろうか。

また、今回の分析により二〇五〇年における地域生協全体の事業戦略において「集いの館」という新しい事業が受け入れられるであろう事も確認できたのではないだろうか。「集いの館」を展開するための戦略も、今回の分析に基づく議論により磨いていくことができるだろう。

ただし、今回の分析はあくまで戦略案の抽出であり、将来の事業戦略の確定のためには、最も効果的な戦略案を選択し、経営資源を集中させていくための議論や判断が必要となる。

注

1　自然環境、貧困、高齢化社会、子育て支援などといったさまざまな社会的課題を市場としてとらえ、持続可能な経済活動を通して問題解決に取り組む事業のこと。

参考文献
井上善海・大杉奉代・森宗一編（二〇一五）『経営戦略入門』中央経済社
若林靖永・樋口恵子編（二〇一五）『二〇五〇年超高齢社会のコミュニティ構想』岩波書店

第8章　ミッション・ビジョンとは

日向　祥子

1.「ミッション」、「ビジョン」という概念

フィリップ・コトラーによれば、「ミッション」とは[1]「当該企業が基本的に何のために存在するのか」を「できるかぎり基本的なレベルで言い表す」もの、「企業の創業時という過去に根ざし」た「変えることのできない核」であるという。他方で、同じく「ビジョン」[2]は「どのような企業になり何を達成したいのか」、「企業の望ましい未来像を描き出したもの」とされる。第二次二〇五〇研究会では、「ミッション」という概念を「存在意義・役割」と、そして、「ビジョン」を「実現したいありたい姿」と、それぞれ捉えている。

「ミッション」を「変えることのできない核」とするコトラーの立場では、これを「定義しなおす」こ

と自体がナンセンスともいえようし、かつての「ミッション」がその役割を終えたならば企業を畳み、新たな問題意識と情熱とを有するかぎりにおいて、新規「創業」を企むべきなのかもしれない（?）。とはいえ、班別共同購入を軸に市民生協の急成長をみた一九八〇年代には、組合員が生協加入の動機やメリットとして「友だちができる」点を挙げることも少なくなかった[3]し、生協活動の拠って立つ論理のひとつとして「地域の人間関係がバラバラに壊されているのをいかに協同性に束ねるのか」というような問題意識が、なるほど確かに存在していた。従って、本研究会が地域生協の「ミッション」として「新しい地域社会を創る」ことを提言するのは、地域生協の「過去に根ざし」た「変えることのできない核」を思い出させるものといっても差し支えないように思う。加えて、生協と地域社会との関わりという論点は、本書第9章でも触れられるように、日本に特殊なものではなく、ＩＣＡにおいても繰り返し確認されているところである。

2.「ミッション」、「ビジョン」を「敢えて論じる」ということ

学術論文検索のCiNiiに拠り、「ミッション、ビジョン」をキーワードとする論文検索を行ったところ、（「エミッション」、「テレビジョン」など工学に関わるものも含め）一八五件の論文がヒットした。このリストは、私を落胆させると同時に興味を惹きもしたのだが、それは、「リストアップされた関連論文の大部分

が医療ないし介護に関わるものであり、ＮＰＯ、協同組合、教育機関に関わるものの比重が不自然に高いように見えた[5]」からである。

現代社会において、いわゆる営利企業が占める位置を大きいとする理解に立つならば、そして、本書第六章で扱われるように、営利企業においても「ミッション（ビジョン）」を掲げることが珍しくないという事実を前提とすれば、右記のようなリストの在り様を、研究動向の「妙な偏り」を示唆するものとみることも許されようか。私の落胆は、その「偏り」ゆえに「組織にとって『ミッション（ビジョン）』のもつ一般的な意義をここから学ぶことは難しそうだ」という判断から生じた。そして、私の興味は、「なぜ、このような『偏り』が生じるのか」という疑問として現れた。

後者の疑問に答えるような論証を、説得力をもって行うことは不可能だろう。ここでは「印象めいた解釈」を述べることしかできない。医療、介護、ＮＰＯ、協同組合、教育機関というラインナップは、それらの共通性として、私に「ある種の非営利性の積極的な自任」ということを思わせた。このことが「非営利性の強い組織にこそ『ミッション（ビジョン）』が必要だ」ということを意味するわけではあるまい。現実には少なからぬ営利企業がそれを掲げているし、コトラーの議論も、基本的には営利企業を念頭に置いたものである。問題は、「ある種の非営利性を積極的に自任する組織が、『ミッション（ビジョン）』という概念を媒介に、（営利性を前提とする組織では特段の葛藤を生むことのない）どのような問題を処理しようとしているのか」という点にあるのではなかろうか。

3. それを唱える者は「誰」か

前節の最後に述べた問いに関わって、示唆に富む議論を展開しているのが原山浩介である[6]。彼が鳥取県西部勤労者消費生活協同組合（西部生協）の設立経緯と拡大プロセスとを追った「生協運動のなかの消費者[7]」は、極めて抑制された筆致に拠りながら、しかし、生協が社会運動の担い手たることを自任するうえで陥りがちな論理の捻じれを、容赦なく暴いてみせる。彼の示した例によれば、同生協の専従職員は、間違いなく「労働者」であるにも拘わらず、その「消費生活の向上を軸に据えた経済社会を構想する社会運動の、重要な担い手[8]」としての側面が強調されるなかで、生協内の労使関係は顧慮の対象外に追いやられ[9]、鳥取県西部労働組合協議会の支援を受けた労組設立の試みも、西部生協が第二組合の結成を後押しすることで阻まれた。あるいは、生協組合員が「消費者」という存在に置き換えて把握され、「消費力の集結」、「消費生活の向上」というスローガンの社会的な正当性が自明視されてゆく一方で、同生協の資金繰り悪化に基づく経営危機に対し、組合員（の一部？）は出資金の払い戻しを求める姿勢を以て応え、「この結果、資金流出に歯止めがかからなくなり[10]」、これが同生協の倒産に至る一因となった。

原山がこれらのエピソードに注目したのは、不正義への憤り（？）などに因るものではない。彼が看破したのは、人が全人的存在としてではなく、折々に機能別のペルソナを付け替え、あたかも多重人格の間で解離を生じたかのように振る舞う（あるいは、そのように振る舞うことを強いられる）状況の奇妙さである。「人」が「もの買う人」以外のペルソナを一切忘れたかのように、自ら乗組員の一人であった（はずの）船から我先に逃走を図るのは当然のことなのか。「人」が「働く人」として苦境を訴えようとするときに、その皮膚を引き剥がし「社会運動の、重要な担い手」へと顔面移植をすれば一件落着とゆくのか。原山[11]は、「『消費者』とは、本来はそれぞれの人の行動の一局面を示した言葉に過ぎ」ず、「人はある局面で、労働者、資本家、学生などと名指されるが、そうした属性と『消費者』は、常に両立するはず」である反面、「『消費者』という標識は、特定の種類の人びとを指し示すかのように用いられることがある」として、このような把握がいかにも不気味であることを、我々に気付かせようとする。彼は生協を分析対象とすることで、「組合員」・「消費者」・「労働者」という仮面の「付け替え」のぎこちなさを巧みに炙り出した。「消費者」として安い（ひいては「無料」の！）ものを要求しながら「労働者」として低賃金を嘆き、「納税者」として増税を憎みながら「（潜在的）社会的弱者」として福祉の劣化を恐れる——。そうしたペルソナ間の葛藤を、解離によってすっかり忘れていられることは「不幸な幸せ」といえるかもしれない。しかし、「他者」の、今・この時の装いに惑わされ、その「他者」もまた「私」と同じ**ペルソナの束**を持ち合わせていることを忘れるのは、実に不幸そのものであろう。

4. 地域生協と「ミッション」、「ビジョン」

脱線が過ぎたかもしれない。問題は「非営利性の自任」と「ミッションを語ること」との、妙な馴染みの良さにあった。この点について、前節の議論を手掛かりに考えてみよう。

営利企業の場合、カネを媒介として、売り手と買い手は明確に対置され、結び付けられる。買い手は、自ら支払う金額**以上**の満足を得られると思えば進んで購入し、売り手は、売価がコストをカバーするよう注意しながら、買い手を説得できるような状況を積極的に創り出してゆく。売り手と買い手は、それぞれが一定の節度を前提とした損得勘定に基づく行動を展開し、以て双方の利益を実現してゆく。加えて、両者の関係がシンプルにカネで媒介されている以上、ある「ミッション」を掲げた営利企業に対する支持の度合いは、カネ（と密接に関わる何らかの数）に還元して把握することができる（ことにしている）。

対して非営利的な組織は、カネに還元可能な領域の**隙間**＝利益を誘因とする取引に委ねた場合に供給が困難となりがちな領域に、しばしば存立する。そうである以上、「カネに代表される数的指標が、必ずしも当該組織の存在意義を証明するものではない」ということがさまざまなかたちで「問題」化しやすいとしても不思議は無いように思う。こうした性格のために、時には、数値による「納得」の難しさゆえ「自らの活動の妥当性を真摯に問わずにいられない」という真っ当な文脈で、また時には（西部生協の「労働者」が「運動の担い手」としての使命を説かれたように）何らかの理不尽や非合理に対する反応を鎮静化させる「おまじないの札」として、「ミッション」が積極的に論じられやすい面があるのではなかろうか[12]。

生協の場合には、一層厄介な問題があるかもしれない。「購買事業の利用を専らとするタイプの組合員」は、自らの関与が、より広く消費者全体の利益に資するという立場を任ずる際には「運動の担い手」として「中の人」であるのに対し、購買事業の利用如何を通じて「消費者のねがい」を表現する立場を任ずる際には、「流通業者」としての生協の「外の人」へと華麗に変わり身をみせうる。「外の人」としての振る舞いに過ぎない自由な選択が、「中の人」として消費者全体の利益に資する「価値ある貢献」を意味するのである（「消費者」である私の「ねがい」に沿わないものを利用しないことで、重要なシグナルを送っているのだから！）。他方、生協の「運営層」という「中の人」は、供給高や組合員数という数字＝営利企業の物差しで測る世界に動揺することなく、「組合員」という「中の人」に、ともに「ミッション」を唱える責任を、堂々と要求することができているだろうか。

5. オルタナティブとしての「協同」

「自由な選択に基づく民主的な組織」の重要性は言を俟たない。但し、その構成員による主体性の発揮が「カネを媒介にする経路」のみに還元しうるのであれば、それはまさに、営利企業が市場を通じて用意している民主主義と同義であろう。「否、声を出している」といっても、その「声」が「カネを出すこと」をめぐって交換条件を提示するような性格のものであれば、それは「カネを媒介にする経路」上にあるとみるべきものである。「協同」は「数の力」を誇示するために求められるのではなく、現代社会において忘れられがちな、自らの、そして他者の全人的な性格に思いを致し、豊かな想像力に支えられた相互理解・信頼の体系を築くために求められてこそ、積極的な意味をもちうるのではあるまいか――。

敢えて言おう。私は「カネで問題を処理する」ことが好きだ。最近、大掛かりな引っ越しをしたのだが、一人暮らしで車をもたない私が大きな荷物を処理するのは容易でなかった。有り難くも何人かの友人が協力を申し出てくれたのだが、私は専ら便利屋を利用することを選んだ。大切な友人が作業中に怪我でもしたら……と考えることのほうが私を疲れさせたからである。**絆としがらみはコインの両面の関係にある**。便利屋さんが怪我をして良いということにはならないが、それらのリスクを含みこんだ価格設定がされているかもしれないし、労災保険が利くかもしれない。便利屋さんは誠実に仕事をしてくれたうえに、「この金額をもらうには、まだ時間に余裕がある」と言って、追加の作業まで申し出てくれた。

カネを媒介にする関係が、即、冷酷な搾取や化かし合いを意味するわけではない。信頼や温かみのようなものは、必ずしも「協同」の専売特許ではないのだ。それでもなお「協同」による問題解決を図ろうとすることは、何を意味するのか。そこでは「参加当事者個々の権利の主張とともに共同の責任への参加をも[13]」求めることを通じて「唯権利主義の生む諸問題の克服[14]」が図られねばならないし、「参加によって抗争の場が提供される[15]」副作用から目を背けることもできない。「それでもなお」と、これに続く言葉を見出すことができるのか——。そのような言葉を見出しえたとき、それこそが「協同の担い手」にとっての「ミッション」となるのであり、これを唱えることのできる人こそが「協同の担い手」たりうるのだと、私は思う。

注

1　フィリップ・コトラーほか著（恩藏直人監訳）『コトラーのマーケティング3・0——ソーシャル・メディア時代の新法則』（朝日新聞出版、二〇一〇年）七一—七二ページ。

2　同上、七二ページ。

3　消費生活研究所『生協組合員のくらしと意識』（生活問題研究所）各年版。

4　高杉晋吾『主婦が変われば社会が変わる——ルポ・生活クラブ生協』（海鳴社、一九八八年）六ページ。

5　表題および所収媒体から判断したに過ぎないが、一八五件中、「医療・介護等に関するもの」五八件、「特定の営利企業を素材としたもの、あるいは経営学に関するもの」三六件、「教育機関、協同組合、公益法人、NPO等に関するもの」一三件であり（以上小計一〇七件）、残り七八件の大半が「工学に関わると思われるもの（エミッション、テレビジョン等の単語の一部が検索語としてヒットしたもの）」であった。なお、ここにいう「残り七八件」のなかには、図書館運営に関わるものも一部含まれており、「特定の営利企業を素材としたもの」には、（しばしば感情労働の文脈で論じられる）観光業に関するものが目立つようである。

6 原山浩介『消費者の戦後史――闇市から主婦の時代へ』（日本経済評論社、二〇一一年）。

7 同上、第二章。

8 同上、一六五ページ。

9 もちろん、時代背景を考えれば、長時間労働に対して生協がとくに「寛大」だったわけではないかもしれない。しかし、ここで問題としているのは、「生協の労働環境が極端に劣悪であったか否か」ということではなく、多くが組合員でもあった専従職員の「運動員」としての機能だけが当たり前のように強調されたこと、「組合員のねがい」というときに、「専従職員タイプの組合員」のそれが「献身的な労働」と容易に同一視され、「購買事業の利用を専らとするタイプの組合員」とはまるで別の扱いを受けていることの奇妙さである。

10 同上、一七三ページ。

11 同上、二ページ。

12 あるいは、事業経営体として避けて通れない収益の問題が「禁句」と受け止められるなかで、「顧客獲得」のマイルドな表現として「社会的に受容されるミッション」という迂回路が選ばれるかもしれない。

13 野尻武敏『第三の道――経済社会体制の方位――』（晃洋書房、一九九七年）二一二ページ。

14 同上。

15　同上。

第9章　二〇五〇年に向けた地域社会についての協同組合論からの考え方

――国際的な協同組合の議論と原則を踏まえつつ

鈴木　岳

1．はじめに

一九九五年に国際協同組合同盟（ICA、一八九五年ロンドンで創設された国際機関）マンチェスター大会で決定し、今日なお適用される「新協同組合七原則」は、従来の原則に新たな項目、即ち第四原則（自主性の尊重）と第七原則（地域社会への配慮、Concerning for Community）[1]を加えた内容となった。とりわけ第七原則は、協同組合が地域社会の構築や持続可能な発展に貢献することを裏打ちする文言として、しばしば取り上げられるものである。

しかしながら、協同組合、とりわけ生協（消費者協同組合）からの地域社会に関する議論は、かかる新原則をもって初めて表出したものではない。実はこの議論は古くて新しいものであった。そこで本稿は協同組合の変遷するなか、地域社会の構築をめぐって「協同組合論」でどのような論議がなされてきたのかを、一九世紀から二〇世紀にかけて、まずはふりかえるものである。その上で、特に日本では今なお影響力を有する一九八〇年の「レイドロー報告」、一九九五年のICA新原則（現行の七原則）、さらにはICAが二〇一二年の「国際協同組合年」の際に提示したブループリントの内容から、今日の国際的な協同組合と地域社会についての考え方を示すものである。

2. 協同組合論に関する史的変遷について

一八四四年に創設されて成功を収めることとなるのは、かの「ロッチデール公正先駆者組合」である。とはいえ、これ以前にも英国では多くの生協が設立されていたし、思想的にもすでに一八二八年、出資金を集めて店舗を開設し、その利益を製造業の設立資金に回して蓄積された資本で土地を購入する構想をウィリアム・キング（一七八六―一八六五）は示していた。彼は店舗経営に関して先駆的役割を果たしたが、店舗自体は協同組合生産と共同体の確立のための手段に過ぎなかったことに注意したい。また英国の協同組合大会はコーペラティヴ・ユニオンによって一八六九年に創設されているが、それを去ること三〇余年前、一八三一～三五年に英国で協同組合大会が八回開催されていた。そこでの参加者には、ロバアト・オウエン（一七七一―一八五八）の提唱した「協同組合共同体」に影響を受けた人々がおり、彼らは新たな場所での地域社会の構築を、共同体の建設として構想していた。そしてそれは一八四四年に創設されたロッチデール公正先駆者組合の規約にも当初は含まれていたのである。ただし結局のところ、英国の先駆者たちは新天地でコミュニティ建設をするのではなく、既存の組織の経済的拡大を明確に指向し、流通費を節約して協同組合運動の経済的効果をさらに高めようとしたのであった。

一九世紀末になって大陸ヨーロッパを中心として協同組合、とりわけ生協に求められたものは、抜本的な社会変革をするための主体としての存在であった。それは、一方でフランスの経済学者でかつ協同組合の指導者シャルル・ジード（一八四七―一九三二）が一八八九年に提唱した「協同組合共和国論」であって、商業、工業、農業部門の順に段階ごとに協同組合(特に生協)が征服することによって経済的民主主義へと到達することをその目標としていた。この見解はしばらくの間、国際的な協同組合指導者に大きな影響力をもったのである。他方で、一八八〇年代には社会主義を実現するために生協を最大限活用すべきとするベルギーの協同組合指導者エドヴァルト・アンシール（一八五六―一九三八）らによる主張もあり、この影響力もフランスなどに強かった。この時期は、「民衆の家」という構想が広まったにせよ、地域社会に関する議論以上に大枠の変革を協同組合に希求していたことになる。

しかし後に、元々は医師で国際労働機関（ＩＬＯ）の初代協同組合部長となったジョルジュ・フォーケ（一八七三―一九五三）の「協同組合セクター論」（一九三四年）によって、各種協同組合のなかでの生協の優位性の否定や、経済的主体としての協同組合の限界が指摘される。このフォーケのセクター的な構想は、後のレイドローらの協同組合論に継承され、それが日本にも影響を与えることになる。

３．協同組合原則の改定と「地域社会への配慮」

「ロッチデール原則」を模倣し、各種協同組合のなかでもおもに生協を意識したといわれる協同組合七原則が初めて国際協同組合同盟（ＩＣＡ）で決定したのは、一九三七年の第一五回パリ大会であった。つまり、①開かれた組合員制、②民主的管理、③購買高割戻し、④資本利子の制限、⑤政治的宗教的中立、⑥現金取引、⑦教育の促進（ただし後の三原則は協同組合の性格を左右する絶対的なものではない）の七つである。一九六六年ＩＣＡウィーン大会では①加入脱退の自由、②民主的運営、③出資配当の制限、④剰余金処分の方法、⑤教育促進、⑥協同組合間協同、の改訂六原則となっている。そして、一九九五年ＩＣＡマンチェスター大会で決定した新原則は、①公開、②組合員による民主的運営、③組合員による財産の形成と管理、④自立、自治、⑤教育と広報の促進、⑥協同組合間の協同、⑦地域社会への配慮、の七原則である。ここで紆余曲折があったとはいえ、最終的には「地域社会への配慮」という文言が加わった。即ち、史的にみると、協同組合の事業性に配慮し続けながらも、地域のくらしでは協同組合の直接の構成員以外の人にも配慮をすべきことを、一九九五年になって明示したととらえることも可能であろう。では、ここで新たに加わった文言の背景はどこにあるのだろうか。

4. 一九八〇年ICA大会におけるレイドローの指摘

実は、マンチェスター宣言の一五年前、一九八〇年モスクワICA大会「レイドロー報告」のなかで、アレクサンダー・レイドロー（一九〇七－八〇）はすでにつぎの指摘をしていた。以下、引用しよう。（日本協同組合学会訳編『西暦二〇〇〇年における協同組合』日本経済評論社、一九八九年、より）。

「……消費者協同組合は、たんなる品物の購入を通じてだけでなく、もっと緊密で有機的な方法で組合員と結びつかなければならない。…消費者協同組合は新しい方向づけを必要としており、……地域社会の広範な事業を行う諸組織のうちの一つの組織にすぎないという位置づけが必要である」（一六七ページ）。

生協の役割が購買だけではないこと、地域の一組織として事業を行うことをここに規定している。

「（第四優先分野——協同組合地域社会の建設については）……将来の協同組合の発展は、多くの都市人口を包含し、広範な協同組合事業をなしうる地域社会組織のための計画を含めるべきであると考える。計画の目標は、協同組合地域社会の創設とすべきである。しかし、ここで言う協同組合地域社会はロバート・オウエンの考えた地域協同体ではなく、協同組合方式が関連する人々の生活にとって、支配的というほどでなくとも、非常に重要な意味をもつことができる程度までに、多くの種類の協同組合を活用する典型的な都市集団、隣保集団、地区集団のことである。第四優先分野「協同組合地域社会の建設」は、このような考えにもとづいている。」（一七四ページ）

ここでいう協同組合地域社会の建設とは、過去の地域共同体を建設するのではなく、多種の協同組合を活用することである。

「基本的には大都市は、平均的・典型的状況では、ほとんど人間関係のない、お互いにまったく他人として生活していることが多い人間の集団である。都市は、多くの住民にとって孤独と疎外の大海である。ただ近くに住んでいるというだけで、それ以上のきずなは何もないのが普通である。ほとんどの人にとって、都市のなかで住んでいる場所はアパート、近接地域、郊外といったものであって、村落のような生きいきとした地域社会であることはめったにない。協同組合の偉大な目的は、地域社会や村落をたくさん大都市のなかに建設することでなければならぬ。多くの社会的経済的ニーズに応えて、地域社会の創設に総合的効果を及ぼす協同組合的組織を設立することができる。あらゆる種類の協同組合は、近隣の人々に自分たちがもっている資源を発見させ、求められているサーヴィスをスタートさせるという効果を発揮するだろう。共通の利害やニーズを持つ人々の自助、という協同組合の理念は、都市部の人々を結びつけ、都市部を地域社会に転換させるための社会的接着剤となることができる。」(一七四―一七五ページ)

以上のように、地域社会に協同組合が一層の貢献をなしうる、とレイドローは説くのである。

5. ICAアイデンティティ声明と宣言

この潮流にのっとって[2]、一九九五年のICA新原則に関するアイデンティティ声明と宣言のなかでも(日本協同組合学会訳編『二一世紀の協同組合原則―ICAアイデンティティ声明と宣言』、日本経済評論社、二〇〇〇年、より)、地域社会の位置づけを以下示している。

「……その他の倫理的価値は、協同組合が地域社会(コミュニティ)と特別の関係をもっていることから発生する。すなわち、協同組合は地域社会の構成員に開かれ、一人ひとりの自助を手助けするためのかかわりをもつ。協同組合は一つあるいはそれ以上の地域社会に存在するいくぶん集団的な組織である。協同組合は、地域社会における諸個人の健康について関心をもっていた伝統を継承してきた。それゆえ、協同組合は「あらゆる活動において」社会的責任をもつよう努力する義務を有するのである。

財政的力量の範囲内で、多くの協同組合はまた、他人への配慮に対して優れた能力を示してきた。協同組合の多くは地域社会に対して人的・財政的資源による重要な貢献を行ってきた。……端的に言えば、正直、公開、社会的責任、他人への配慮は、どんな種類の組織でも有している価値であるが、協同組合事業においては特に説得力のある否定できない価値なのである。」（三六ページ）

ここで「声明と宣言」では、協同組合が地域社会と特別の関係をもつこと、これまでの貢献をしてきたこと、一方で協同組合が社会的責任を負う義務のあることを示している。さらに、

「……協同組合は、みずからの活動をつうじて、あるいは新しい協同組合の開発を支援することをつうじて、協同組合事業から利益を受けることのできるはっきりした住民グループや少数派住民すべてに手をさしのべるべきである。このような関与は慈善ではなく、協同組合活動の可能性についての慎重で実践的かつ革新的な評価の結果でなければならない。」（三九ページ）

「組合員の承認により他の活動を支援することができる。協同組合が支援のために選ぶことのできる、そして選ぶべき最重要な活動の一つは、地域的、全国的、（国を越えた）広域的、そして国際的な協同組合運動のいっそうの発展である。」（四六ページ）

要するに、協同組合の事業が利益をもたらすすべての人に手を差し伸べるべきこと、ただしいうまでもなく、組合員の承認が前提であることを述べているのである。

その上で、次のように地域社会に対する組合員の責任を規定する。

「協同組合は本来、組合員の利益のために存在している組織である。しばしば特定の地理的空間における組合員とのこの強い結びつきのゆえに、協同組合はしばしばその地域社会と密接に結びついている。協同組合は地域社会の経済的、社会的、文化的な発展が確実に持続するようにする特別な責任をもつ。協同組合は地域社会の環境保護のためにしっかり活動する責任がある。協同組合が地域社会にどのくらい深くどのような形で貢献すべきかを決定するのは組合員である。しかし、それは組合員が避けることのできない責任である。」（四九―五〇ページ）と。

6. 協同組合の一〇年に向けたブループリント

時代は下って、二〇一二年の国際協同組合年を受けて翌年に提示されたブループリント（国際協同組合同盟『協同組合の一〇年に向けたブループリント』二〇一三年一月〈日本語翻訳版〉）でも、以下に地域社会と協同組合との関係性を指摘している。

「……近年では、参加の可能性や（とりわけ）若年層が参加に対して持っている期待が、劇的に変化している。最近では、より緩やかなネットワーク型のつながりが増えており、「組合員」と「非組合員」の境が曖昧になってきた。……協同組合は、従来の「議決権のある組合員」の定義を捨てる必要はないし、捨ててはならない。しかし、参加や関与の新たな可能性として開かれた姿勢をとり、確信する意欲を持ち続けなければ、新世代の組合員の関心を掴み、関与させる機会を逃してしまう可能性がある。」（一〇ページ）

「協同組合は多様かつ広範な地域社会に貢献しているため、協同組合セクターは、自らが排他的と見られないための防御的な目的と、人類のニーズに応えたり事業を構築するという積極的な目的の双方を満たすために、組合員代表制を確保する一定基準を維持することに関心がある。」（一一ページ）

「従来の組合員制の限界を探り、その他の参加形態（ソーシャルメディアを通じたコメント、会話や議論、関与など）は使えるか、組合員制との相性はどうか、また様々なレベルでの参加（組合員、サポーター、フォロワーなど）がこの状況で適切か否かを検討する」（一一ページ）

上記のごとく、組合員制を評価しながらもその限界も指摘し、非組合員と組合員の差が曖昧になっている状況のなかでさまざまな参加形態についての検討の必要性を論じていることが、このブループリントの特徴である。

7．地域社会における協同組合のこれから

協同組合がかねてから地域社会に貢献してきたことは、大なり小なりにかかわらず明瞭であろう。もちろん協同組合が組合員に立脚した組織であることは論を俟たない（但し、職員をどのように位置づけるのかは、別の議論となるが）。一方で、組合員という位置づけ自体が曖昧になってきているという現実もあるし、組合員に対してのみ協同組合が有用性を持てばよいというわけにいかなくなっている。人間関係もかつてのような土着性が弱まり、緩やかな関係が望まれてきている。そのなかで協同組合が新しい関係性を構築する意欲をより持ちつつ、激変する社会のなかで自らの社会的責任を果たすことは、今後の時代の要請のように思えるのである。

注

1　第七原則については、新原則の議論に深く関わっていた白石正彦氏によれば、「私たちの議論の中で

ずっと一貫して、堅持されてきた環境という表現がなくなっています。」（座談会 西堂宏、白石正彦、大谷正夫、山本博）「「協同組合のアイデンティティーに関する声明案」をめぐって」『協同組合経営研究月報』No.五〇一、一九九五年六月、六ページ）という経緯もあった。

白石氏と同様に本議論の中枢にあった大谷正夫（一九三一―二〇〇二）は、地域社会の発展というだけの意味合いには疑義を示し、コミュニティに代えて「アメニティ」という表現を提唱している。（同、二五ページ）。

さらに大谷氏が、コミュニティの表現について、この新原則を取りまとめたイアン・マクファーソン（一九三九―二〇一三）の説明を用いているのは興味深い。つまり、「カナダのビクトリア大学の教授であるマクファーソン氏が日本に来たときに、いろいろコミュニティに対する質問がございました。コミュニティというのはどこを指すのか。普通、コミュニティというと地域社会とも日本語で訳されて、自分が住んでいる地域と関係している地域社会というふうに普通は解釈されますが、狭い意味ではなくて、ある場合には地方や全国という場合もあり得る。あるいは全世界という場合もあり得る。それぞれ関係する社会という意味で彼は言っているのだということを説明しておりました。」（大谷正夫「ＩＣＡ協同組合原則の改訂について」『労働者福祉研究』四一、一九九六年五月、二九ページ）

2　もちろんこの間にも、一九八八年ＩＣＡストックホルム大会でのラルス・マルコス報告「協同組合と基本的価値」（四つの価値：参加、民主主義、誠実、他人への配慮）や、一九九二年ＩＣＡ東京大会によるスベン・オーケ・ベーク報告「変化する世界における協同組合の価値」（五つの価値：ニーズに応える事業、参加型民主主義、人的資源の開発、社会的責任、国内・国際での協同）をめぐって議論がなされてきたことを確認しておきたい。

第10章　二〇五〇年地域生協ミッション・ビジョンの提言

――新しい地域社会のありたい姿と二〇五〇年地域生協の存在価値

若林　靖永

1. はじめに

ミッション、ビジョンによる経営はなぜ重要なのか。

ビジネスもまた人が行うものであり、人が集まり、人が求める価値を提供するものである。なりゆきで、あるいは継承してビジネスを担うということはありうるが、明示的であれ、そうでないものであれ、人の意思がビジネスを推進する。したがって、ビジネスを推進する意思が、なんのためにビジネスを行うのか、ビジネスを通じてなにをめざすのか、というミッション(使命、経営理念)である。

しばしば、ビジネスは既存事業の延長線上のままであり、なかなかいまやっていることを変えたり、やめたりすることは難しい。結果、社会の大きな変化に十分に対応して、自らのビジネスを変えることができない場合がある。根本的に事業を変革・創造するためには、自らのミッションを変わる環境の中で再定義し、そこから未来志向で自らの事業の方向性を戦略的に構想することが求められる。このような意味においても、ミッションの定義は重要である。

ビジネスは人が始めるものであり、多くの人々を巻き込み支持されることでビジネスは拡大し成功していく。したがって、その中心には「ビジョン」がある。ビジョンを中心に、ビジョンで人々を引っ張っていく経営をビジョン・ドリブン経営と言う。

ビジョンは、目標となる状況を具体的に描き出したもの、生き生きとした夢を語ることである。すると、そのことにより漠然ととらえていた夢が具体的なかたちあるものにとらえられるようになり、そうなった夢へのモチベーションは大きく上がることになる。結果として、個人、多くの人々のモチベーション、情熱が高まり、共同的行動が広がっていく。ビジョンを明確にすることで、ビジョンの共有が広がる。ビジョンの共有が広がると、ビジョンの実現・達成に大きく近づくのである。

特に、協同組合にとっては、組合員による民主的な組織であるので、ミッションが明確で、ビジョンが共有されることが、組合員の自発的な参加と行動が広がることにつながる。参加が原動力になる協同組合において、ミッションとビジョンの定義と共有はとても有効な取り組みであると言えよう。

2. 第二次二〇五〇研究会での調査・研究結果について

二〇一五年に単行本として刊行した『二〇五〇年超高齢社会のコミュニティ構想』は五〇〇〇部を上回る購読があった。しかし多くの読者より「将来の地域生協の存在価値や役割は何か」、「『集いの館』構想の実現可能性はあるのか」等の質問を多くいただいた。よってさらに研究を深めていくために二〇一六年四月からスタートした「第二次二〇五〇研究会」では、二〇五〇年の地域生協ミッション・ビジョンについて提言することを課題の一つとした。

「集いの館」構想は未来志向の提言である。必ずしも現在の事業の延長線上に位置づけられるものではない。したがって、「集いの館」構想と地域生協の事業はそのままでは接続しにくい。では、アプローチを変えて、未来の環境にふさわしい未来の生協のミッション・ビジョンとはどういうものだろうか？という問いに答える議論をすすめたらどうか。未来の新たなミッション・ビジョンの中では、未来志向の提言である「集いの館」構想がしっかりと位置づけられることになるだろう。

二〇五〇年の地域生協ミッション・ビジョンを策定するために第二次二〇五〇研究会では以下のような調査・研究を進めてきた。それぞれの詳細および考察については、これまでの各章を参考にしてほしいが、ここではその要点をまとめておこう。

①これまでの協同組合論研究を体系的に整理し、二〇五〇年の地域生協の存在意義の研究を進めた。(第9章参照)。特に、一九九五年にＩＣＡ(国際協同組合同盟)は「協同組合の組合員は、正直、公開、社会的責任、他人への配慮という倫理的価値を信条とする。」と声明を出している。この価値はまさに普遍的であり新しい地域社会づくりに向けた土台となるものである。協同組合がこれまでも地域社会に貢献してきたことは明らかであり、これからも新しい関係性を構築し自らの社会的責任を果たすことが時代の要請であると考えられる。

②地域生協のＳＷＯＴ分析を行い以下の内容が導かれた(第7章参照)。

・二〇五〇年の日本は超少子高齢化・人口減少社会となり、単身世帯が標準世帯となる。また、自治体も「消滅」と「統合」が発生し民間組織による助け合い・商助が重要になる。

・大都市と地方の格差がさらに拡大する。また「地域社会」という概念が全国画一的ではなくなり、それぞれの地域が独自性をもって運営を行っていくことが求められる。

・ＡＩ、ロボット技術はさらに進化するが、進化のスピードや技術革新の活用についての見通しは現段階では諸説あり予測は難しい。

・流通小売業の業態再編は継続的に進み、地域生協の宅配事業、店舗事業、福祉事業等は現在の延長線上で二〇五〇年を展望することはできない。

・自治会等の減少、都市化に伴う近隣住民とのコミュニケーションの希薄化はさらに進み、人々の孤独感が高まっていく。一方で従来の封建的な地域社会の運営方法も受け入れられない。新たな地域社会の民主的な運営方法が求められる。
・地域生協の「安心・安全」は現在も地域生協の大切な「ブランド価値」であり、「生協だから安心」と多くの組合員から信頼されている。この価値は継続して未来に引き継ぐべきである。組合員の立場で考え、協同組合としての民主的な運営を将来に向けて継続する必要がある。
・生協法は現時点でも員外利用規制と県域条項規制が残っているが将来的には撤廃したい。将来どのような地域社会を創り、地域生協がどのように関わっていくかを想定し生協法改定に取り組む必要がある。さらに生協以外の協同組合とも連携を深めていくために協同組合法の制定が求められる。

③主要な全国の地域生協のミッション・ビジョンと流通小売業各社との比較研究を実施し、テキストマイニングを実施した（第6章参照）。地域生協の特徴としては、商品の提供だけでなく組合員の活動・参加を交えたプロセスを重視したマネジメントがあげられる。一方で、多くの流通小売業では、社員における個人の成長や喜び・幸福や、新たな挑戦が強調明示されていた。これに対し、地域生協のミッション・ビジョンでは生協職員の課題や喜びについてほとんど明示されてい

ないこと、積極的な業務上の挑戦と個人の成長も記載がほとんどないことも明らかになった。これは、生協が組合員を重要視するあまり、生協職員の位置づけが現行のミッション・ビジョン上弱いことを意味している。

④現在のミッション・ビジョンの位置付けと運営上の課題について地域生協にインタビュー調査を実施した。それぞれの地域生協で違いはあるが、今後も地域生協が発展していくためにはミッション・ビジョンを明確にして実践していくことが不可欠であることが認識できた。

3．ミッション・ビジョンを検討する上での追加的な視点

⑴「持続可能な開発目標（SDGs）」

現代においてすべての人類社会が共通して取り組むべき課題が、国連が採択した「持続可能な開発目標（ＳＤＧｓ）である。ＳＤＧｓは、二〇一五年九月の国連総会で、多様な問題を解決し、一五年後の人類、地球の繁栄を維持・実現するために、先進国、途上国問わず、すべての国が取り組むべき一七の具体的目標と、目標を達成するための工程表ともいえる一六九のターゲットが設定されたものである。

近年、先進国、途上国すべての国が目標と計画を持つようになってきており、企業や団体等も積極的に関与することを表明宣言するようになってきている。まさに全世界の人々が共同で取り組んで解決すべき最重要課題なのである。

国際協同組合同盟（ICA）もまた、SDGsに積極的に取り組んでいる。ICAは国際協同組合デー二〇一八（二〇一八年七月七日）のメッセージの中で次のように述べている。

私たちは、「協同を通じた持続可能な社会へ」というスローガンの下、協同組合がその価値・原則・ガバナンス構造により、第七原則で謳われているように、コミュニティに関与しながら、その本質においてどのように持続可能性と柔軟性（レジリエンス）を有しているかを示します。

「世界の組合員数は一二億人にものぼります。二〇〇〇年足らずで協同組合運動ほど成長した経済的・社会的・政治的運動は世界にはないでしょう。しかし、成長が最も重要なことではありません。私たちは、環境と調和を保ちコミュニティと連帯しつつ、地球が私たちにもたらしてくれている資源を消費し、生産し、活用しています。それが、私たちが国連の『持続可能な開発目標（SDGs）』の重要なパートナーとなっている理由です。」とアリエル・グアルコICA会長は述べています。

持続可能な社会とは、成長の環境的・社会的・経済的限界に配慮した社会を意味します。これに関連して、協同組合は本質的に三つの役割を担っています。

①経済主体として、仕事、生活、所得創出の機会を生み出します。
②人を中心に置く社会的目標を持つ事業体として、社会的公正と正義に貢献します。
③民主的な組織として、組合員によって管理され、社会や地域コミュニティで先導的役割を果たします。
（原文　https://www.ICA.coop/en/media/news/statement-for-2018-coopsday-sustainable-societies-through-cooperation
翻訳　https://www.japan.coop/wp/wp-content/uploads/2018/06/180628_03.pdf）

ここでＩＣＡは自ら協同組合がＳＤＧｓに積極的に取り組む理由、重要なパートナーとなっている理由を明らかにしている。これは協同組合の本質に関わっている。そして、協同組合の本質と関わって三つの役割

（国際広報センター　ホームページ http://www.unic.or.jp/activities/economic_social_development/sustainable_development/2030agenda/sdgs_logo/）

を示し、これがSDGsに貢献する基本的な要素としている。協同組合は、持続可能な社会に向けて、仕事を生み出し、社会的公正と正義に貢献する事業を展開し、社会や地域コミュニティに関与するのである。二一世紀の地域生協もまた、このような協同組合の本質について、深く問うなかでミッション・ビジョンを検討していくことが求められる。

(2) 社会的責任の範囲

また、現代社会において企業もまた営利的事業体であるからと言って、営利のみを追求することは望ましくないと考えられるようになり、社会的責任が問われるようになってきた。企業の社会的責任については、さまざまな判断、政策等が提起されているけれども、その標準的な規格として「ISO26000（社会的責任のガイダンス規格）」が二〇一〇年にまとめられている。そこでは、社会的責任について「組織の決定及び活動が社会及び環境に及ぼす影響に対して、次のような透明かつ倫理的な行動を通じて組織が担う責任」として、おもに「健康及び社会の繁栄を含む持続可能な発展への貢献」「関連法令の遵守及び国際行動規範の尊重」「組織全体に統合され、組織の関係の中で実践される行動」を挙げている。法律遵守はもちろんのこと、それだけでは不十分であって、持続可能な社会への貢献が位置づけられている。

そして社会的責任の「七つの原則」として、説明責任、透明性、倫理的な行動、ステークホルダーの利害の尊重、法の支配の尊重、国際行動規範の尊重、人権の尊重が提起されている。「七つの原則」をみて言えることもまた、法律を遵守するだけでは不十分であるということである。法律を越えて、人権、国際行動規範を尊重し、倫理的な行動をとることが求められている。社会に対してオープンで、社会的存在として、説明責任を果たし、透明性をもった情報提供が求められている。営利企業として投資家のみを重視するのではなく、関連するすべてのステークホルダーの利害を尊重した経営が要求されている。

また「七つの中核主題」として、組織統治、人権、労働慣行、環境、公正な事業慣行、消費者課題、コミュニティへの参画及びコミュニティの発展が提起されている。主要な領域について、まずガバナンス（組織統治）において説明責任や透明性などが求められている。つぎに雇用関係・労働者の安全等の確保が求められているし、流通などの取引関係での不公正な、支配関係等を利用した取引関係は否定されているし、消費者被害等を引き起こすようなマーケティングや販売も問題とされている。二一世紀の現代において、人権を保護すること、環境保全や地球環境温暖化対策などの自然環境を保護することは、人類的課題と言ってよい。最後に、企業もまた地域コミュニティの中の存在であるという自覚をもって、コミュニティの一員として参画し、その発展に貢献することが求められている。

このように「ISO26000」がカバーする範囲は、広くかつ多元的である。現代社会の一構成員である協同組合もまた、同様の、広く多元的な意味での社会的責任が問われていると解するべきであろう。

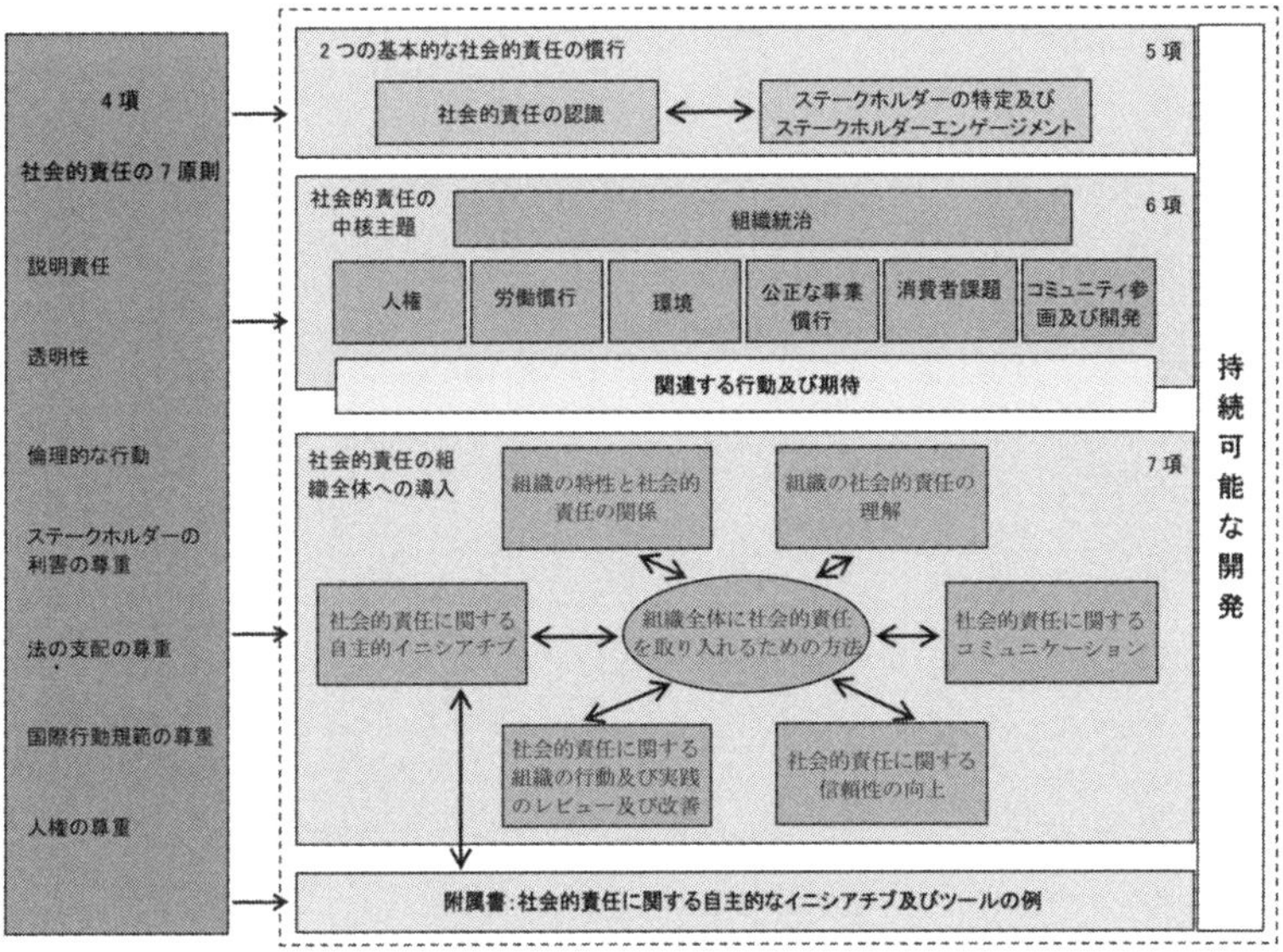

図　ISO26000の図式による概要（ixページ）

（国際標準化機構　社会的責任に関する手引　（財）日本規格協会 http://iso26000.jsa.or.jp/_files/doc/2009/iso26000disjr2.pdf）

すべての項目が重要であるという観点で、協同組合の理念を再構築することが重要である。

⑶社会的排除

追加的視点として最後に取り上げたいのが、今日、世界的に注目されている「社会的排除」という課題である。

社会的排除とは下記の通り、ヨーロッパ社会の直面する大問題状況としてとらえられた概念である。

「社会的排除は、過程と結果としての状態との双方を指すダイナミックな概念である。〔中略〕社会的排除はまた、もっぱら所得を指すものとしてあまりにしばしば理解されている貧困の概念よりも明確に、社会的な統合とアイデンティティの構成要素となる実践と権利から個人や集団が排除されていくメカニズム、あるいは社会的な交流への参加から個人や集団が排除されていくメカニズムの有する多次元的な性格を浮き彫りにする。それは、労働生活への参加という次元をすら超える場合かがある。すなわちそれは、居住、教育、保健、ひいては社会的サービスへのアクセスといった領域においても感じられ、現れるのである。」(欧州委員会一九九二)

社会的排除はヨーロッパで生まれた概念であるが、近年は日本社会でも人々が抱える大きな問題状況、困難状況にも当てはまると言われ、それを解決支援する「社会的包摂」の取り組みがさまざまな困難を抱えた人々に対して個別対策レベルではなく総合的な包括的な支援解決アプローチとしてすすめられることが議論されている。

4．二〇五〇年の地域生協ミッション・ビジョンの提言

以上の検討を経て、現在の地域生協のミッション・ビジョンの定義はさまざまであるが、第二次二〇五〇研究会では、ミッションの定義を「存在意義・役割」、ビジョンの定義を「実現したいありた

い姿」と定めて以下の提言を行いたい。

(1)ミッション

「新しい地域社会を創る」

(2)ビジョン

・協同組合の倫理的価値観を大切にした地域社会を実現する。
・だれもが生きがいを持ち、互いに助けあう地域社会を実現する。
・地域社会で持続可能なソーシャルビジネスを確立する。
・組合員と職員が、地域社会で共に成長し続ける組織を確立する。

簡単に補足すると、第一に、地域生協のドメイン、つまり活躍すべき領域、責任を果たすべき主な領域は地域社会（コミュニティ）であると位置づけるべきであるという主張である。組合員、役職員、取引先などさまざまな生協のステークホルダーが位置づけられるが、フォーカスすべきはこれらがこれからの地域社会の発展につながるというところにある。

第二に、地域社会の発展と言っても、旧来型のクローズドなものを意味しているわけではけっしてない。一九九五年にＩＣＡ（国際協同組合同盟）は「協同組合の組合員は、正直、公開、社会的責任、他人への配慮という倫理的価値を信条とする。」と声明を出している。この価値はまさに普遍的であり新しい地域社会づくりに向けた土台となるものである。

第三に、ビジョンはミッションを前提にクロスＳＷＯＴ分析の「強み×機会」を最大限に活かし、新しい地域社会のありたい姿を地域生協が主体的に実現するということを位置づけた。したがって、ここでの新たな地域生協の事業は、新たなソーシャルビジネスとして再定義される。これからの事業は、事業は事業で収益を稼ぎ、社会的貢献は別途活動を展開するというものではない。これからの事業は、事業そのものが社会の発展に貢献する、ソーシャルビジネス的性格を強めなくてはならないと考える。

第四に、このような新たなミッション・ビジョンで位置づけられる地域生協では、「集いの館」構想のような、地域を支え地域を発展させる事業はまさに中心的な事業の一つとしてとらえられなおすことにつながるだろう。もちろん、「集いの館」構想の担い手は、行政、福祉団体、企業、町内会などさまざまに考えられる。しかしながら、地域にコミットすることを最重要ミッションとして考える地域生協であれば、まさに担い手にふさわしいのではないだろうか。その際、実際に地域に展開するかたちは、地域住民、組合員、団体等との対話を通じて形成すべきであって、「集いの館」のような構想はいろいろなかたちになっていって当然である。未来の地域のために、地域の支え手として事業の具体化が求められる。

座談会

「集いの館」構想の具現化と地域生協への期待

若林靖永

樋口恵子

宮本みち子

松田妙子

座談会　「集いの館」構想の具現化と地域生協への期待

若林靖永・樋口恵子・宮本みち子・松田妙子

なぜ地域の「集いの館」なのか

若林　生協総合研究所・第二次二〇五〇研究会は「集いの館」構想を具体化する可能性と、そのことが日本の生協にとってどんな意味があるのかということで「生協のミッションをあらためて問い直す」という二つのことに取り組んできました。

「集いの館」は三つのアイデアがもともとの特徴でした。

①小学校区単位ぐらいの小さな単位で展開する。

②食料品等の販売・多世代交流・よろず相談等の機能がある。

③高齢者自身が運営の主要な担い手になる。

この「集いの館」を具現化するために地域の組合員さんや社会福祉等に関わる関係者の方々にご参加いただいてワークショップ形式で議論していただきました。その中で、いろんな意見や要望が出てきました。

一つ目は、出入りが自由でやりたい人がやる。そういう意味では強制をしない。そういう個人の自由を尊重するような、ありようであってほしいこと。

二つ目は多世代交流の場として、いろんな世代の方が関わるようなものであってほしいという意見です。高齢者の問題からスタートしているけれども、地元の中学生とかも来られるような場所であるといいよねといった意見が出ました。

三つ目は地域のさまざまな施設とか関係者、そういったものを上手に活用してやりたいよねということで、立派な施設を構えてとかじゃなくて、地域にある資源を活用するアイデアが出されました。今日の座談会でそれらを踏まえて、次の三つの問いについてお話しいただけたらと思います。

一つ目の問いは二〇五〇研究会の成果をまとめた『二〇五〇年超高齢社会のコミュニティ構想』を二〇一五年八月に出版しましたが、それ以降、皆様方はそれぞれのエリア、領域、分野でさまざまな未来につながるアクションや政策づくりなどに関わってこられております。その中で感じた注目する変化や課題について、ご紹介いただきたいということです。

二つ目の問いは、この「集いの館」を巡る課題や可能性、成功させるカギはなにかについてお話しいただきたい。

三つ目の問いは、「集いの館」はどなたがやってもいい。公設でやる場合だってあり得るし、公設・民営みたいな形になるのかもしれませんけれども、そういう中で、地域生協が「集いの館」に関し、どのような役割を果たすことが期待されているか、お話しいただけたらと思います。

血縁による支え合いから地域での支え合いへ

樋口　二〇五〇研究会が二〇一五年二月に終了してから三年が経過し、この超高齢社会という命題の上で一番何を感じているかと申しましたら、一言で言えば「予測していたとおりになったんじゃないの」ということです。
私が二〇五〇研究会のときに申し上げたことは、特に高齢者に関しては家族の崩壊なんていう言葉を使う必要もないぐらいシングル化が進みました。その時にファミレス社会、家族が少なくなっていく社会ということを申し上げました。それは、第一には少子化がもたらすものですけれど、それ以上に、五〇歳通過時の独身通過率が高くなっていることが要因です。生涯未婚率っていうと怒る方がいるので、五〇歳独身通過率にしましたけれども、二〇一五年では男が二三%、女性が一四%で、年々上昇しています。そうしますと、仮に結婚したとしても、もう子どもをつくるには遅いわけです。

私が以前、子レス、孫レス、おいレス、めいレス、いとこレス社会といいましたけど、最近、私よりちょっと上の世代、九〇歳を過ぎた人では、めい、おいが仕方なく保証人とか身元引受人になっている例がとても増えています。女の人は九〇歳からちょっと上ぐらいは一〇〇万人ほど他の世代より独身者が多かったんです。これは戦争の影響です。戦争に連れていかれた軍人として男は約二〇〇万人、一五年戦争で死んでいます。その中、ざっと三分の二ぐらいは独身。ということは、一〇〇万ほどの独身の女性が増えて、その人たちが世の中と別れを告げる時期に来ています。これは一過性かもしれませんけれど、現在、結果として結婚しなかったという人たちが女性にも男性にも増えてきて、高齢者の大シングル社会が、目の前に来ているということだと思います。

ですから結論は、美し過ぎる言葉かもしれないけれど、血縁でなければ支え合わなかった日本の伝統から離れて、血縁でなくても地縁、地域縁を中心として、厚労省が提唱する地域包括支援システムを含めて、最後のとりでが地域を土台とするであろうということには異論はございません。

家族をつくれないと地域との接点もつくりにくい

若林　結婚を選択しない生き方も尊重するというのは横に置いといてですが、家族を持たずにシングルで暮らすということがもたらす生活や社会の難しさというのは、何なのでしょうか。

先ほど、家族・血縁が難しい場合は地域だというお話をされました。でも、実際に私自身が結婚して子どもを持ち、それで初めて地域っていうものに出会っていたりします。通常の地域との出会いはPTAとか町内会とかお盆のときの子どものお祭りとか、そういうことでつながりができていく。なので、家族をつくれないと地域との接点もなかなかつくれないように思います。

樋口　家族を持って子どもを持った場合、地域とのかかわりがなかったらやっていけません。子どもを持った人は、そこで地域と出会えるんです。しかし今、男性の二三%、女性の一四%を占めている五〇歳通過時の独身率でいきますと地域と出会わずに済んじゃう人がかなりの人数いるわけです。職場や仕事とは出会うかもしれないけど。人生後半は単身で親の介護に出会う。介護離職ということも増えております。介護を通して地域と出会ったりしますけれど、自分の人生が総人生の四分の一、五分の一しか残っていないところに来て、初めて地域と出会うという人たちも増えて、その比率は大きくなるんじゃないかと思います。

子どもや家族のいない単身者の地域とのつながりをどうつくるか

宮本　確かに子どもを媒介にして地域とつながっているのが今の日本の家族の現実です。私は数年前から、単身世帯が非常に多い新宿区で調査をして気づいたことは、行政が中年の単身者の人たちの存在をほとんど念頭に置いていない状態ということです。ですから、全世帯の六〇数%が単身世帯である新宿の行政でさえ、その単身者のニーズを全く把握しようという意識がない。

これまでの社会というのは家族が単位となっていて、子どもがいて、親族がいて、それで地域社会的なネットワークができていることを前提にして、現在まで来ています。ですから、確かに子どもがいないと地域とつながりにくいという実態はあるんだけれども、今後のこと考えると、子どもを媒介にしない地域とのつながりをどうつくるかという課題が非常にあると思うんですね。子どもを媒介にしない地域とのつながりの接点は考えてみればいろいろあるわけです。例えば趣味の組織っていうのは、集まってくる人たちの例えば半分は、子どもとか家族とかを持っていない可能性のある人たちなんだということを念頭に置くだけで、仕組みとかスタンスが違ってくるはずなんです。そういう意味での価値の転換が必要になっているると感じます。

若林　単身者が増えていったときに、社会のさまざまな仕組の側に求められる変化が起きていくんでしょう。そこでどんな深刻な問題にわれわれは直面することになるのだろうかということですね。

宮本　例えば大都市で一人暮らしをしている人が非常に多いんですけれど、一人で暮らすことがリスクであることを真剣に感ずる年齢っていうのが、大体五〇歳頃なんです。五〇歳くらいで、例えばインフルエンザで一週間寝込むとかの経験をしたときに、誰かに頼んで食べるもの買ってきてもらう、その誰かがいないことを深刻に感じるようになるわけですね。それが四〇歳くらいまでだと親がいるんです。そうすると、いざ困ったときには親がいると思うわけで、誰も助けてくれない状態になるかもしれないっていうことを、意外と人は感じない。それが、親が亡くなった時に、「考えてみたら自分は独りぼっちかもしれない」となるわけなんです。そうなってからだと実は後の祭りってところも結構あって、それまでの間に、いかに関係性をつくっておくかっていうことがある訳なんです。この点で、男性と女性でどっちが問題が大きいかっていうと、圧倒的に男性に問題が大きい。

男性の場合には仕事さえあれば一人暮らしであろうと、あまり不安を感じないまま五〇歳ぐらいになる。病気をしたとか、あるいは仕事が不安定になって、将来の経済的な不安とかを感じた段階で、一人でいることが非常に大きなリスクだと感じるようになり、地域社会に目を向けてみたら、実は誰一人、自分に声を掛ける人いないいんだっていうような、こういう感じ方をするのが実態なんです。

そういう意味で言うと、四〇～五〇代の人たちに対する、居場所づくりであるとか、人との関係をつくる仕組みとかが必要です。

松田 私の夫はバイク好きで、ツーリング仲間がいるんです。バイクを通じた仲間は一人暮らしの男性が骨折で入院すると見舞いに行くなど気にかけあっているようです。そういうのがセーフティーネットなんだって思います。その関係の仕組みのつくり方みたいなのを夫は結構意識してやっています。

そういう社会人の知り合いができるのはいいなって思う一方で、男性は地域密着がぴったりしにくい。何となく「地域に住んでるから仲良くしましょう」は、すごい難しいなと感じます。三月に団地の中で防災の炊き出しイベントをやった時に、そういう男性が二～三人いたんですね。子どもがいるわけでもなくふらりと来て、ご飯を作って一緒に食べたりしたんですけど、その後にその人たちに提供できるものが無かったんですね。次はこれがあるから来てって言えるものがない。お客さんでの参加でなく、役割もセットじゃないとつながりをつくるのは難しいと感じました。

宮本 そのとおりです。男性に提供できるものがないっていうのは地域で今、市民のいろいろな活動ができているんだけれども、基本的に家族をベースにした活動が最も盛んですよね。だからそうではなく、「家族はない、でも充実していきたい」人も参加できる活動が必要になってきます。

それからセーフティーネットですよね。今までのセーフティーネットっていうのは、身内さえきちんと固まっていれば、いざってときにはそれでいいんだっていうことだったんだけれども、そのこと自体が、もう大きく変わる。だから男性、女性に関わりなく、年齢に関わりなく、自分の生涯を通して、どういうセーフティーネットを自ら張っていくかっていう発想が必要で、それと同時に社会の側でそういう人たちに対応したセーフティーネットのための資源をどう提供できるかという発想が必要になってきます。

松田　世田谷の保健所のプログラムで、メタボ予防みたいな切り口で早朝のおやじのダンス教室やっていて、みんなで振り付けてダンスしてました。そういうのも新しいなって、保健所やるじゃんと思いました。

宮本　例えば私、今、中央教育審議会生涯学習分科会（以前の社会教育審議会）に出てるんですけど、社会教育（学校の教育課程を除いた、青少年から成人までを対象とした組織的な教育活動（スポーツやレクリエーションを含む）で、公民館、図書館、博物館等などの施設がある）の分野も今、非常に弱くなってしまっていて、予算の分配も非常に少ないし、社会教育の専門家が活躍できるところがどんどん縮小しています。別の見方からすると、社会教育が十分に役割を果たせなかった責任もある気がします。

社会教育機関って、例えば公民館とか青少年センターとかですけれども、時代の変化に対応できてこなかったと思うんです。公民館なんかだと高齢者が圧倒的多数で、若者層は全然来ない。その若者層の実態とかニーズに対して、社会教育の人たちは極めて無頓着だった。あるいは子どもの貧困がこれだけ大きな問題になっているんだけれども、社会教育の出足は遅くて、ほとんど何もやってこなかった。それと同じで中年から初老くらいの現役年齢で子どもを持ってない、家族を持ってないような人たちの実態とかニーズに対して、社会教育ってほとんど考えてない。だから公民館等の社会教育の設備があるんだけれども、行っても何にもメニューがない。そういう意味で言うと、社会教育だけでなくて既存の専門分野とか専門組織が、こういう単身化社会に対して何をすべきか、全面的に見直しをしないといけない状態だと思います。

生協組織だってまさにそうで、生協ってやっぱり家族中心で、家族ベースでやってきた団体だから、単身で住んでいる男性が生協を使いつつ、そこで提供されるものを大いにエンジョイできるかっていうと、全く遅れているように感じます。

若林　多くの人にとって、自分の身の回りでの人とのつながり、ネットワークが生まれるきっかけに地域がもっとなっていればいいんだけど、残念ながら、仕事にどっぷり漬かっていると地域に顔を出せるようなきっかけもなければ時間もないですね。

子ども食堂は集まってくる人のニーズを受け止め大きくなっていく

樋口　高齢者の一人暮らし、食生活が一人になると、いかに食べ方が悪くなるか。最近の新聞に、孤食は栄養のバランスが悪くなるって出てました。

　私は、八四歳で建て替え引っ越しをして、家族はいるんですけれど生活環境が変わったら体調を崩してしまいました。医者が付けた病名は貧血症でしたが実は栄養失調でした。引っ越しして、食材とか食器とか調理用具とかがどこにあるか分からなくなり手を抜いた貧しい食生活が原因で、私はこれを「中流型栄養失調」と名付けました。それから八〇歳代は女の調理定年である。この年ごろになると夫が先に死んで、調理への強制力と意欲が消失します。これをほっときますと、八〇歳代で結構な年金もらっているはずなのに、中流型栄養失調症というのが、日本の社会に満ちあふれると思います。それの歯止めをかけるのは、医療でもあり、福祉でもあると思うけど、私はやっぱり食品を扱うビジネスというものの意味が本当に大きいと思いますし生協の活躍のしどころはそこにあると思うんです。「集いの館」はそのための役割も担っていただきたいと思います。

宮本　子ども食堂が今、全国でものすごく広がっています。この動きを見ていると日本の社会、地域社会が抱えてる課題が見えてくる。もともと子ども食堂は欠食や子どもの貧困の対策ということで、民間の団体が取り組み全国に広がりました。ベースにあるのは子どもの貧困対策だったはずなんだけれども、実は家庭が経済的に厳しくて食事をうまく取れない子たちのための救済の場っていう以上にいろいろな意味合いを持ってきている。結局コミュニティー食堂みたいな、そういうニュアンスのほうが強くなっていますよね。

　これは日本特有の、今の事情を表していると思うんです。食べるっていうことで困っているのは、経済的に厳しい家庭の子どもだけじゃない。高齢者や共働きで非常に忙しくて保育所に迎えに行った親が子ども連れて寄れるとか、それから中年だって一人でうちへ帰って食べるのは面倒だということがある。何か寂しい。いつも居酒屋ばっかり寄っているっていうのもつまらないと感じている人も本当は行きたいとか、いろいろな要望の中で、子ども食堂そのものが変わっていく。その変わっていくところに地域社会の変貌の実態っていうのが投影している。そこをよく見ながら生協ができることがあるのではないでしょうか。

　子ども食堂は週一回やっている所は多いほうです。本当だったらいつでもそこへ行けば食べられるような、力量を持つ必要があるんだけど、まだまだそんな状態ではない。子ども食堂は集まってくる人たちのニーズを受け止めて、子どもの勉強見てやったり、遊ぶ場をつくったりして、柔軟に大きくなっていくわけですよね。

松田　運営している三つの子育てひろばで、地域のみんなでご飯をつくって食べる場を開催しています。まだ月一回ぐらいの開催ですが、この子ども食堂の爆発的な広がりの中に、貧困とは違うニーズを感じています。赤ちゃんが生まれたら、お父さんが帰ってくるまでずっと一人で子育てしている。ワンオペ育児ってよく言われるんですけど、そうすると誰かと食べたい、誰かと話したい。関係性の貧困とか経験の貧困みたいなお金じゃない貧困がある。子ども食堂に多様な人が来てくれることで、母と子どもだけの世界が緩和される。

孤食よりは誰かと食べるほうがいい。

樋口　生協でも対応なさってると思いますけれど、スーパーとかコンビニの孤食化への対応、子どもや共働きや高齢者への対応はすごいですよね。時々、大きめのスーパーを歩いてみて、小サイズのおかずの多様化にはびっくりします。一人用、二人用の、おひたしもあれば、ごまあえもあれば、酢みそあえもあればっていうぐらいバラエティーに富んでいます。商の世界、ビジネスの世界は需要のあるところに合わせてきますから、もう十分にそういう変化を遂げています。

去年、私も審査員をしましたが、イオン葛西店のシニアにやさしいお店づくりの取り組みが表彰を受けました。そこは朝七時に店を開けます。そして年寄りに限定するわけじゃないですけれど、電子レンジで温めればすぐ食べられるような朝食のセットを、店の一隅を小さなデイサービスみたいにして食事が取れるようにしている。それが大変評判がいいもんですから、朝のラジオ体操もやって、会話も進んでということで賞に選ばれたわけです。

生協の場合はやっぱり家族を持つ人がどうしても中心になっていますよね。だけどそういう人が食生活に充足しているかっていうと、共働きでやっぱり大変な人もいるわけです。それからさっきお話ししましたように、孤食で食べるよりは誰かと食べるほうがいいですから、誰でも使えるイートインのようなものは、生協だからこそシステマチックに、しかも、もうけ主義じゃなくてやれるんじゃないかって思います。食の問題を中心に考えて、公共性のある生協で、そういう実践をしていただきたいなと思ってます。

人と人をつなぐハブ機能が「集いの館」の成功の鍵

宮本　もし生協で、そういう子ども食堂に代わる何か、どういう世代でも、どういうライフスタイルでも、行って居心地が良くてお腹を満たせる場を運営するとしたら、そこでは提供される食と同時に、運営する側の人が重要ですよね。おせっかいではなく、でも冷たくなく、そこへ行けば何となく知ってる人がちゃんと声掛けてくれるような、そういう気遣いのある空間をつくれる人の存在が大きいですよね。

若林　そこは本当にそうで、コンビニやスーパーのやっているイートインコーナーは、もちろん孤食のニーズや忙しい共働き、あるいは子育て家庭のニーズに答えて、そこで夕食済ませちゃうみたいにしてるわけです。しかし、それはもう一つのニーズの、例えばワンオペ育児の先ほどのママさんが誰かとしゃべりたいとか、そういうものを満たす場として機能するかというと、一般的な仕掛けとしてはそういうふうにはつくられてない。子ども食堂も個人個人は別にしゃべりたいと思って来るわけじゃないけど、人と人とがつながる場となることができる。そこの差は大きいですよね。

松田　私はこの「集いの館」を成功させる鍵は「ハブ機能のセンスの獲得」と考えました。「集いの館」に来た人に、この人は何が必要かなとかっていうニーズを発見したりアセスメントする。それからこの人とこの人、気が合いそうとか、こういう話題だとつながりそうっていう、そのハブ機能。そういう人と人とをつなぐ人材がいる、そういう機能のあることが「集いの館」の成功のポイントではないか。

宮本　そういう人材を養成していくというのも、生協にとっては非常に重要です。子ども食堂でも経済的に厳しい家庭の子が、「僕は貧しいんですよ」って言って来るわけじゃないわけですよね。それから子どもたちが集まる広場とか、そういう所でも重要なことは、来たときに、こちらの側にアンテナがあって、この子ちょっとなんか問題持っているなってことをピンと感じながら、適切にその子のために対応できるような、そういう人材をどうつくるかっていうこと。地域の中に「集いの館」ができたときに、そこで働く生協の人たちがそういう高度なアンテナを持てるのか、は非常に重要な話ですよね。

必要なものを工夫しながら地域密着で変わり続けていく存在

若林　課題の認識、つまりギャップが認識されれば、それに向けて人間は工夫を始めて外部から知識を得たり自分でやってみたりという経験を通じて成長するんですね。ですから、重要なのは『集いの館』っていうのはこういうものだ」「コンビニはこうだ」「食品スーパーはこうだ」とか定義しちゃうんじゃなくて、基本的に大きなミッションはありつつも、その場その場で必要なものを工夫しながら地域密着で変わり続けていくような存在。そういうふうなものとして関係者は考えていく、働いていく、あるいはサービスを充実させていく。ここを基本的な哲学というかコンセプトとして押さえておくことじゃないですかね。

宮本　私が親しくしている開設して三〇年になるNPOが横浜にあるんです。初めは不登校支援から始まったんだけれども、久しぶりに行ってみたら、三〇以上の事業をやってるんです。新しい事業を企画しては近くの空き家とかを借りながら拡大していくんだけど、結局このNPOが行政と違うのは、ものすごく柔軟な点ですね。

初めは不登校から始まり、その子たちの年齢が高くなって若者期になって問題があれば、その支援をやり、その世代を終わった人たちが結婚して子どもができたら、預ける所がないからって保育所が始まり、その後は学童保育が始まり、そのうちに親が年取ってきたら老人施設もつくろうとかね。本当にアメーバのように広がっていくって感じなんですけど、民間の特徴ってそういう能力ですよね。生協はそういったNPOよりもっと大きな組織なんで、そういうアメーバのようにして地域のニーズを受け止めて拡大していく、そういう力がある所だと思うんです。

生協による地域での就労のコーディネート

松田　世田谷のamigoというグループでコワーキングスペース[1]を始めたんです。もともと一軒屋を借りて親子の集える「おでかけひろば」を運営しているんですけど、そこの二階をコワーキングスペースにして、今、そこはもう数人の男性がオフィスにしているんですよ。プラス、今度、子連れだけど上のデスク借りて働きたいわ、下で預けてっていうのを始めようとしているんです。今、すごい思ったけど、そうか、生協でやってくれればいいんだ(笑)。

宮本　私も思っているんだけど生協は食が中心になっていたのですね。それが今では福祉へ非常に関心を広げているんですよ。あとくっつけるのは何かっていうと働くってことだと思うんです。前期高齢者であれば地域に帰りながら再就職するときに生協が相談に乗ってくれるっていうことであれば、その世代の男性たちが、男性だけじゃないんだけど、生協を力強いものと感じるでしょう。コワークってまさにそうで、これから働き方が多様化していく中で世代に関わりなく新しい自営業や新しい自由業の人たちの新しいタイプの働き場所が必要になります。そういう人たちが生協の近くで仕事をしながら生協の提供してくれるものを利用できるっていうようになるといいですね。

樋口　地域包括ケアセンターのポンチ絵(構想図)があるでしょ。医療があって、介護があってっていう。それは確かに高齢者に対するケアサービスの図としてはよく画かれているんだけれど、高齢者のワークライフバランスはないんですよ。ライフもないし、ワークもない。ケアの受け手としての供給システムとしてのポンチ絵としてはよく書かれてるけど、高齢者は支え手にもなることができる。だからそこには必ず就労・ワークを入れてほしい。厚労省でやっているシルバー人材センターというのが高齢者の就労の全国組織としてあるわけです。それと子育て支援システムとしてファミリーサポートセンターというのがありますがもっと民間の事業が出てきていいと思います。生協の中には、自分たちで労力を提供し、またそれを受けるというような経験が蓄積されています。生活クラブ生協やワーカーズ・コレクティブ[2]とかのノウハウがあるはずです。ケアを中心に、人の生活を助ける労働というものは地産地消商品なわけです。ただし、これはやっぱりシステムがあって、誰かが支え手にならなきゃいけない。助け合いなんていえば、今、言葉ではみんな賛成します。だけど個別の助け合いぐらい難しいものはないので、家の中へ入ってくることすら、まず難しかったりします。隣近所の助け合いなんて言いますけれど、ある町内会で外出できない方のお話相手を始めたら、一斉に、「あの人が来たら物がなくなった」って苦情が増えて取りやめたという町内会の報告も聞いております。そういったことを聞くと、人の生活を助ける労働の受け手と支え手をコーディネートしていくことがまさに生協の役割として期待されるんじゃないかと思います。

若林 そこは、だから本当にある種のアソシエーション、ビジネスが入るほうが信頼されるってことがあるみたいですね。

樋口 そこは生協なんです。だからシルバー人材センターも、シニアハローワークもファミリーサポートセンターも活性化してほしいと思うけれど、もうちょっと職種の限定されない、もう少し広く地域のための労働をコーディネートする。それを生協がやってくれたら一番いいと思います。

宮本 私がこの頃、感じているのは支え手のほうなんですけど、中央大学の宮本太郎さんが「支え手を支える」ということをこの頃提唱しているのだけど、まさにそのとおりで、少子高齢化になると支えられる側の人口が多くなるけど、それを支える側がどんどん小さくなる。介護離職に典型的なように、支え手のほうが疲弊していってるんですよね。家族がどんどん小さくなっていき、その家族の中で誰かが支え手側に回っていかないといけない。そういう状況の中で、支え手を支えるという仕組みが全然機能してないっていう問題がある。

若林 働くに注目するっていうのは、この座談会の中でも大事なキーワードだと思います。働くことで、一．とにかく経済的に自立する要素になるのと、二．社会とつながることができる、三．自分の自己肯定感なり自分に対する誇りを持つことにつながる。

働くことなしでも幸せであれる権利っていうのはあるとは思いますけど、働くことが大事にされるほうが、人間は幸せに生きられる存在ですよね。役割があるほうが。

樋口　憲法二七条「すべて国民は、勤労の権利を有し、義務を負ふ。」が私は大好きです。義務は社会を支えるということだし、権利ってのは喜ばしいからなんですよ。ただしブラック企業とかがありますから、職場というものがブラックになりかねない危険性を持った存在だという警戒の目は持たなければいけないけれど。

長年の反省なんですけど私は長い間「男よ家庭に帰れ」って言い続けてきたわけです。「男はもっと家庭へ帰って家事をせえ。」「生活者たれ。」という。この持論は引っ込めませんけれど、この頃、私、「男よ、やっぱり家庭から出ろ。」って言いたいですよ。仕事をリタイアして家にいられて迷惑しているいる女がいかに多いか。

女の老後のほうが男より人間関係も豊かだし、社会性もあるし、食事も作れるし、「女の老後のほうが勝ちね。平均寿命の長さはそれが理由ね」って言ってたんですけれど、この頃、威張れなくなってきた。後期高齢者になったら食事作りがおっくうになってきたし、健康寿命は女のほうが相対的に短いじゃないですか。

男の人の健康寿命と平均寿命の差は九年、女の健康寿命と平均寿命の差はなんと一二年なんです。女のほうが、いわゆる寝たきり的な時間が、倒れてから死ぬまでが長い。三年の差というのは身体機能の差だとしても長過ぎる気がするんですね。私は、男と女で社会的に年を取ってくるまでに何が違うだろうと思ったら第一に就労体験なんです。つまり働くことから疎外されてきた女の老後が早く倒れてしまう。今後の研究課題です。

働き方を変える必要はあるけど、働き続けるほうがいいんじゃないか。

若林　周りを見ていても、働いている人のほうが健康で長生きしていますよね。だから定年退職っていうのはそろそろ問題ですよね。アメリカでは雇用年齢差別禁止法というのがあります。アメリカは逆に別の理由でどんどん解雇できるから機能しているんですが、日本はなかなか定年を延ばせませんけど、それでもどんどん六五歳になってる。

どの世代でも創造的にチャレンジングに取り組むことが必要で、その一つが、働いて隠居はもうそろそろ違うと。働き方を変える必要はあるけど、働き続けるほうがいいんじゃないかっていう転換が始まっていますね。

樋口　唐突ですが、私、藤沢周平大好きなんですよ。あの人が三〇代で妻に死なれ子どもを抱えて立ち往生しちゃう。しかも結核になって天職と思った教職からは追われ、業界紙に就職しながらっていうどん底にあったときに、「かなり危ないところにいた自分」を支えてくれたのは、その業界新聞社の働く仲間であったと。仕事をこなしながら、顔を合わせ会話をしながら進めていくということが、危ないところにいた自分を支えてくれたと、自伝に書かれているんですね。働き方の現状に問題がたくさんあることは承知の上で言うと、実は労働するってことの持っていた人間関係の構築、人と人とのつながり。視線を交わす、見る、見られる、評価する、評価される。会話する。そういうところに人間の喜びがあることをあらためて感じさせられました。仕事一辺倒になっちゃあ、これはまたいけないんですけれど。

ちなみに、私が二〇五〇研究会以降いちばん力を入れた活動は、労組・介護事業者や牧野史子さん(後述)とはじめた「介護離職のない社会をめざす会」です。生協にも加わっていただける活動ではないでしょうか。

「集いの館」はサービスだけでなく就労の機会をつくる視点も重要

若林　今回、「集いの館」と絡めて、生活協同組合のミッションについての検討ということを一つテーマにしました。生活協同組合が持っている理念、ICAの考える協同組合の構成員の理念では正直であること、オープンであるといったことが重要視されています。そういう協同組合が大事にしている価値観を大切にし「集いの館」を運営していくことは、これからの日本の地域を支えていくという意味で、プラスではないかということを考えていたんです。

きょう、このワークの話が出てくると想定はしてなかったんですけど、ＩＣＡ（国際協同組合同盟）は二〇一八年の七月七日に国際協同組合デーをやるんですけど、スローガンが「協同を通じた持続可能な社会へ（sustainable societies through cooperation）」で、主に協同組合が三つの役割を果たすんだって言っているんですね。その一つ目は、ジョブの機会を創造することであるって言っているんですね。

経済的な役割と、主体としてはジョブを生み出すことが協同組合だって言っていて、次に人間指向の企業体という意味においては、社会のさまざまな豊かさや正義というものに貢献をすることが必要だと言っていて、最後に民主的な組織としては、組合員によってコントロールされて、社会や地域コミュニティで中心的な役割を果たすんだと、こういうふうに述べていて、実は最初にジョブって出てくるんですね。

だから「集いの館」を協同組合がつくっていくときも、サービスの観点だけで捉えるのではなくて、就労の機会を多様につくるという視点も大事だと思いました。

宮本　仕事については、ハローワークがあり高齢者だとシルバー人材とかいろいろあるんですけれど、特に生協にとって親和的なのは、地域の仕事の掘り起こしみたいなそういう分野ですよね。ハローワークに行って、「どこそこの工場で六五歳でも働けるよ」といったものじゃなくて。

地域の仕事の掘り起こしって両方の面があって、地域に必要でありながら誰一人開拓せずにうもれてニーズに応えられていない仕事をどうやって掘り起こしていくかっていう面と、それから年を取っていたり、障害があったり、病気を持っていたり、でも働きたい人にとっての仕事っていう面と。

だから例えば一カ月で数十万円の収入というようなことじゃなくて少なくてもいいと。年金と組み合わせでもいいわけだし、公的給付と組み合わせてそれなりの生活が成り立つとか。あるいは子どもが小さいのでフルではないけれども、とにかく働くってことをキープしておき、やがて次のチャンスになったらもっと広げたいとかいうような人たちに対する仕事の提供など地域の仕事にはその可能性があります。

地域に広く関わっていくと生協の組合員制度がネックになるのでは

松田　ちょっと引っ掛かっているのが、生協って組合員制度じゃないですか。割と地域に広く関わっていくと、そこがネックになるときがあるんじゃないかと思います。親子劇場の会員が激減したときに、あれってみんなでお金出し合って、いい演劇を見るんですけど、会員が少ないと呼べないので、地域の人も誰でもどうぞにしようみたいな議論があったりしてＮＰＯになった所が結構あったんですよ。

生協は組合員の組織だと思うんですけど、そこに、「なんか役割が降ってくるんでしょ?」みたいなＰＴＡ的なイメージを持っている人もすごくいて、そこは乗り越えられてきてるのか。逆に乗り越えはこれからするのか。

若林　それは日本でも海外でも、これからの協同組合をどうデザインしていくかというときの課題になっています。協同組合の原理として、中心メンバーが、自らが出資して自己資本を形成して、自らが経営主体として関わるというコアの部分は変わらないにしても、出資しないメンバーは存在しないとするのか、それとも自由なのか。今の日本の生協法は、生協と民間の事業者との競争その他を問題にされて、いわゆる員外利用、組合員でない人が利用するのは例外的にしかできない。法律で書かれている以外のことは原則駄目っていうふうに厳しくしてしまったために、本当に使い勝手が悪いんですよ。

だけど、こんな意地悪な法律があるのは日本ぐらいです。実は多くの国では、利用するのには、別に組合員であるかないかは関係ありません。組合員であることは運営する権利や義務や、そして役員になるとか、そういうことに関わるだけなのです。単なる利用者でいいのであれば、組合員にならなくていいと。一般的にはこういうふうに制度設計されているさまざまな協同組合が存在するわけです。

樋口　私、一五年ぐらい前、スウェーデンの南端の都市のエスロブという福祉が発達した町に行きました。自分が高齢者でジョブが必要だと思っていたので、「高齢者の仕事づくりをやっていますか」って聞いたら、連れていかれたのが、セカンドハンデットカンパニーっていう会社でした。社長さんは元スカンジナビア航空のパイロットの定年退職者です。その会社は、その地区の古物を集めて改修と修理と販売をしているんです。

私も一〇〇円ぐらいのイヤリングなどを買い求めてまいりましたけれど、仕事もいっぱいあるんですよ。大きな古い家具の修理工場があるわけです。骨格が非常にしっかりしている家具を買ってきて修理し新品同様にしていくとか。販売のほうは女性の職員が主としてやっていて、それで結構な収入上げているらしい。組織としては生協と深いかかわりのある企業っていう感じでした。定年後の人の地域企業ということも研究していただいていいんじゃないかと思います。

宮本　ワーカーズコープ[3]とどういう関係になるか。今、そこには追い風が吹いているっていうのかな。仕事の不安定な時代の中でワーカーズコープが特に仕事に就けない人たちに対して仕事を掘り起こし、仕事に就けるように、訓練もするという点では、きちんとやろうとしている組織なんですね。それと生協の仕事ってものが、どういう関係になるかですね。協働できるところは協働すればいいわけなんだけれども。

韓国に行ったら、特に若い人の失業率が非常に高いもんだから、そういうコワークの所で若い人たちが三年ぐらい公的な助成金もらって仕事起こしをしてましたけど、ああいうのがもっと世代を超えて生協の周辺に出てくれれば、すごくいいと思うんですね。

中高年のミッシングワーカーといわれる人たちが増えている。

樋口　日本社会においてジョブレス層っていったら、就職氷河期にぶつかった人たちですよね。さらにもっと大きな層っていったら、やっぱり女性だと思うんです。社会的文化的圧力によって、いや応なくジョブレスにさせられてきた女性たちが、いよいよ本格的な老境を迎えます。今までは家制度の中で養われてきた八〇歳、九〇歳の女性たちが、夫が先に死んだりして貧困状態になる。そういう政策的社会的につくられたジョブレス層がある。

そこに今度は働くことにしか生きがいを見いだせなかった、定年で会社から追放されていく男たちのジョブレス層がある。これらがみんな一斉に顕在化してくるのが、これからの一〇年じゃないかと思うんです。介護離職の相談窓口なども生協で引き受けてもらえたらと思います。

宮本　介護のために仕事を辞めて、ずっとその後は仕事に就けなくなっていく。つまり労働者としての能力は十分持っているのに求職活動もあきらめ労働市場から消えてしまった四〇代、五〇代のミッシングワーカーといわれる人たちも増えています。このあいだ、ＮＰＯ法人介護者サポートネットワークセンター・アラジンの牧野史子さんたちが運営しているケアラーズカフェを見せてもらったんですけど、親が介護が必要になっちゃって、それで認知症も入り、その介護をせざるを得なくなった、結婚してない娘がドンと増えているんですよ。息子の場合もあるけど、数は娘のほうが多くて、年齢が四〇歳前後からもう少し上まで。それで牧野さんたちが、情報交換や仲間との出会いの場としてそのカフェをオープンしています。

親のために仕事を辞めざるを得なくなった娘たちなど、パートしかできない状況に陥った人たちの高齢期って本当に悲惨ですよね。生協なんかが「集いの館」で再就職のための相談機能を回せれば……。これは、高齢者や障がい者を支えている人が犠牲になっていくような現状を放置するなって話なんです。

「集いの館」は地域の変化や課題に取り組めるものであってほしい

若林　そういう意味ではいろんな関係者、ＮＰＯの皆さんなどが、社会の中で生まれている変化や課題に注目をする動きっていうのは本当に教えられることが多いです。「集いの館」においても、基本的なサービスセット、こういうのがベーシックモデルだよねっていう議論がありつつも、本当にアンテナを敏感にして、地域の変化や課題に素直に取り組めるようなものであってほしい。地域の中でそういった取り組みが深まっていくことで確かな居場所として育っていくのではないでしょうか。

それぞれの地域ごとに状況は違うけど、食のこと、仕事のこと、独身のケアラーによる介護のこと、何といってもシングルの中高年、シングルの高齢者に注目をしてという、こういう変化に「集いの館」や生協は、どんなふうに関わっていくかっていうのは現場から学び、率直にそこからスタートするというのが大事なんだと思います。

樋口　今日の話をまとめると「食」と「職」ですよ。食べるの食と、仕事の職と。

松田　うまい。

若林　これで本日の座談会を閉めましょう。ありがとうございました。

注

1　個室ではない共有型のオフィススペース。

2　地域の住民が自分たちで出資し経営に参加しながら地域社会に必要なものやサービスを生活者の視点から提供する事業体。

3　働く一人ひとりが出資し民主的に経営し、責任を分かちあって人と地域に役立つ仕事をおこす協同組合。労働者協同組合。

おわりに

若林靖永
小方　泰

地域社会の発展をめざす活動は全国各地で行われている。多くの地域生協も地域社会づくりに取り組んでいる。しかし「持続性」から見ると活動にはいくつかの重要な課題がある。また地域生協は長期的な経営的な視点で考えると、現行の宅配事業と店舗事業の延長だけでなく地域における新しい事業の検討が必要である。

本書の最後に地域社会の発展をめざす活動と地域生協の事業経営について考えてみたい。

1. 地域社会の発展をめざす活動の課題

地域社会の活動を題材にして、どうしたらくらしやすく住みやすい地域社会を作っていけるかは学問上も大きな研究テーマであり、本書にも事例研究報告を掲載した。

前田展弘氏から福岡市の「おたがいさまコミュニティ」の事例報告があり、「地域の課題、住民のニーズは時代とともに変化していく。また立ち上げた協働事業も未来永劫継続できるとは限らない。〜中略〜地域の中で何かを行うにも、規制だったり、関係者間の利害調整だったり、とかく時間と労力がかかるのが現状と思われる。それだけに、そうした文化を日本全体で育むことができれば、日本の地域社会の様相も大きく再生に向けて変貌していくのではないかと考える。」（四一ページ）と「継続性」、「実現に向けての大変さ」の指摘がされている。

白鳥和生氏からは移動スーパー「とくし丸」、全日本食品によるマイクロスーパーの展開等四つの「商助」の事例報告があり、それらのまとめとして「先進国では、社会価値の主体が経済的な豊かさから、環境問題や地域格差の解決などに移ってきた。個人の意識もより公共性や社会性の価値を重んじるようになった。〜中略〜企業が持つ技術や人材、組織などの経営資源は、環境、社会問題を解決できる力を秘めている。単に負担が増えるという視点ではなく、利益追求と両立させる戦略をとることで、企業自身の成長と社会の改善へそれぞれプラスに働くことが期待されている。〜中略〜近代経済学にのっとれば企業の存在目的は利潤の追求だが、社会の中で『生かされている』のがまた企業である。だからこそ社会が抱える課題を解決することが企業に求められ、その貢献度によって企業の存在価値が決まり、結果として利益が生まれることになるのではないだろうか。」（五六—五七ページ）と「社会環境の価値観の変化」、「新たな企業の役割」が指摘されている。

さらに天野恵美子氏からは秋田県の「横手モデル」報告の「課題と可能性」（六六―六七ページ）で、「事業としての採算性と運営・管理にあたる担い手や後継者の育成と確保という問題を克服しなければ、地域社会における支援の持続は困難になる。生協が地域拠点として役割を果たす上でも、継続性や収益性の問題、運営の担い手確保・育成の問題は避けることができない。」と「継続性」「収益性」「運営の担い手」等の指摘がされている。

以上の三氏にとどまらず全国の活動事例報告を聞くたびに、各地域の活動を発展させていくのは容易でないことがわかる。社会的な価値観が変化する中で地域のニーズに応え、活動自体を持続していくためには「安定した収入の確保」と「運営する人材の確保」が困難であっても克服していかなければならない課題と言える。

2．地域生協の事業経営上の課題

次に地域生協の現在の事業経営を概観する。経営状況は年々厳しくなっている。日本生協連が二〇一八年度の総会で報告した議案書の資料によると、全国の主要六五地域生協の経営結果を合計した二〇一七年度推計値では、総事業高が合計二・七五兆であり前年比一〇一％の増収である。しかし、宅配事業の供給高前年比を経年で追いかけると二〇一五年度(前年比一〇二・〇%)、二〇一六年度(同一〇一・七%)、二〇一七年度(同一〇一・二%)と年々増収幅が小さくなっている。また店舗事業の供給はここ二年かろうじて前年比をクリアしている状況である。

さらに経常剰余率を見ると、トータルで二〇一五年度(一・九七%)、二〇一六年度(一・八三%)、二〇一七年度(一・六二%)と徐々に下がっている。宅配事業の経常剰余率は微減であるが、店舗事業は赤字経営から脱却できず、この三年でさらに経営が悪化している状況である。かつて第三の柱と期待された福祉事業も赤字であり経営は悪化している。これらの数値を見る限り、多くの地域生協の経営は宅配事業に支えられているという構造は変わっていない。

宅配事業は全国的には一九八〇年代半ばから九〇年代前半にかけて飛躍的に伸長し全国の地域生協経営の柱となった。宅配事業の中心が班(グループ)配達から個配配達に変わったが、経営の柱となってから約三〇年が経過している。しかし世の中では一般的にひとつの事業の寿命は三〇年くらいとも言われていることも事実である。新たな競合としてアマゾンやセブン&アイ、イオン等の流通業や異業種からも配達事業へ参入が進んでいる。地域生協の宅配事業がこのような状況下で未来永劫に安定成長していくことは極めて難しい状況である。

また、全国のチェーンストアやスーパーマーケットの売上前年比合計値は前年を下回っている状況であるが、イオングループ、セブン&アイホールディングスの二〇一八年度決算は両グループとも増収増益であった。首都圏を中心としたヤオコーやベルクのようにＳＭチェーンの中には増収増益を持続しているチェーンも見受けられる。店舗事業も優劣の二極化が進んでいる状況であり、地域生協の店舗事業が厳しいのは、外的環境の悪化だけでは説明はつかない。

一方、二〇一五年度全国生協組合員意識調査報告書によると組合員の平均年齢は五五・九歳と過去最高になった。この調査は三年に一回の調査であるが、今後さらに組合員の高齢化が進み平均年齢が六〇歳近くになっていくことも想定できる。また若年層の利用金額がかなり低いこともデータは示している。

この間、現在の地域生協の将来に問題意識を持っている三〇～四〇代の生協職員と話す機会が時々あった。その時にほぼ共通して聞くのは「現在の生協は自分たちの定年の時まで存在するのか。」である。今後数年間の経営はなんとかなっても、そこから先の将来展望が見いだせないということだろう。彼らの認識は五〇～六〇代の役職員とはかなり異なっているように思われる。

これらのことから地域生協を利用する若い組合員や役職員のために、現在の宅配事業や店舗事業の改革改善を進めていくことはもちろん必要であるが、一方で新たなソーシャルビジネスの展開のような地域生協の未来の役割や事業についても考えていく必要があろう。

3．地域社会と地域生協の未来のために

前述のように、今後も地域社会を発展させる活動の重要性はさらに高まっていくが、各組織が「安定収入の確保」、「運営人材の確保」をそれぞれの地域に合った方法で克服していくことが共通課題である。

一方、地域生協は全国の地域で事業と活動を行っていて、地域の実情に合った枠組み作りを進めていくことができる。地域で新たなソーシャルビジネスを立ち上げることも可能である。現在も日々の事業を通じ地域の組合員とコミュニケーションを重ねている。これらのことから地域生協が「新しい地域社会を創る」「地域生協が地域の中心的存在となる」ことは決して夢物語ではない。

時として二〇五〇年に向けた準備は早すぎるとの指摘もいただく。「集いの館」を例に取ると、二〇五〇年に全国各地で「集いの館」が地域の中核となるプラットフォームに成長・定着し、多くの地域住民が集う場になるためには、二〇三〇年には、全国各地で小学校区単位の「集いの館」がほぼ設置され、二〇二〇年には「集いの館」の本格的設立がスタートする必要がある。よって二〇一九年には「集いの館」のプロトタイプ実験プロジェクトがスタートしていなくてはならないのである。「逆算」して考えると決して早くはない。

もちろん「集いの館」は地域社会で行うソーシャルビジネスのひとつであり、それ以外のさまざま

なソーシャルビジネスも考えられる。ソーシャルビジネス起業の着眼点は現在の地域社会のどこかにある。現在の「生協の事業と活動は別」の位置付けの延長線上ではなく、事業と活動を区分しないで考えれば地域生協が展開する新しいソーシャルビジネスが可能ではないか。

前書の「超高齢社会のコミュニティ構想」の最後の一行と同じ文章で本書も締めくくる。

「小さな一歩だが、着実な一歩を歩んでいきたい――未来のために。」

執筆者紹介（執筆順）

小方　泰（おがた　やすし）
公益財団法人生協総合研究所　代表理事　専務理事。「二〇五〇研究会『集いの館』構想モデル計画について～パルシステム東京における地域拠点の設置構想～」『生活協同組合研究』（二〇一八・一）。

若林　靖永（わかばやし　やすなが）
京都大学経営管理大学院経営研究センター長・教授。博士（経済学）。『グローバル競争と流通・マーケティング―流通の変容と新戦略の展開』（共著、ミネルヴァ書房、二〇一八）。

渡部　博文（わたなべ　ひろふみ）
公益財団法人生協総合研究所研究員。「『寄り合い処くっつき』の拠点づくり」『生活協同組合研究』（二〇一八・一）。

前田　展弘（まえだ　のぶひろ）。
ニッセイ基礎研究所生活研究部主任研究員。東京大学高齢社会総合研究機構客員研究員
『東大がつくった高齢社会の教科書―長寿時代の人生設計と社会創造』（編著、東京大学出版会、二〇一七）。

白鳥　和生（しろとり　かずお）
日本経済新聞社編集局調査部次長。國學院大学経済学部非常勤講師。
『〈改訂版〉ようこそ小売業の世界へ～先人に学ぶ商いの心～』（共著、商業界、二〇一七）。

天野恵美子（あまの　えみこ）
関東学院大学経営学部准教授。博士（商学）。
『子ども消費者へのマーケティング戦略―熾烈化する子どもビジネスにおける自制と規制―』（ミネルヴァ書房、二〇一七）。

辻　正一（つじ　まさかず）
生活協同組合パルシステム東京　代表理事　専務理事。「二〇五〇研究会『集いの館』構想モデル計画について～パルシステム東京における地域拠点の設置構想～」『生活協同組合研究』（二〇一八・一）。

玉置　了（たまき　さとる）
近畿大学経営学部准教授。博士（経済学）。
「共感と信頼が顧客のサービス担当者に対する支援意識に及ぼす影響」『流通研究』（第二一巻第二号、二〇一八）。

日向　祥子（ひゅうが　しょうこ）
明治大学政治経済学部准教授。博士（経済学）。
「一九八〇年代の『生協産直』―誰が何を求めていたか―」静岡大学『経済研究』（第二一巻第四号、二〇一七）。

鈴木　岳（すずき　たかし）
公益財団法人生協総合研究所研究員・編集長。博士（学術）。「一九世紀末に開催されたICA大会―一八九七年第三回デルフト大会と周辺をめぐって」『ロバアト・オウエン協会年報』（四二、二〇一八）。

樋口　恵子（ひぐち　けいこ）
NPO法人高齢社会をよくする女性の会理事長。日本社会事業大学名誉博士。『その介護離職、おまちなさい』（潮新書、二〇一七）。

宮本　みち子（みやもと　みちこ）
放送大学客員教授。社会学博士。『地方に生きる若者たち―インタビューからみえてくる仕事・結婚・暮らしの未来』（共著、旬報社、二〇一七）。

松田　妙子（まつだ　たえこ）
NPO法人せたがや子育てネット代表理事。厚生労働省社会保障審議会児童部会委員。『よくわかる子育て支援・家庭援助論』（共著、ミネルヴァ書房、二〇一四）。

2050年 新しい地域社会を創る—「集いの館」構想と生協の役割

2018年9月30日　　初　版第1刷発行　　〔検印省略〕
2021年5月10日　　初　版第4刷発行

＊本体価格はカバーに表示してあります。

編　者© 公益財団法人 生協総合研究所／発行者　下田勝司　　印刷・製本／中央精版印刷

東京都文京区向丘1-20-6　郵便振替00110-6-37828
〒113-0023　TEL(03)3818-5521　FAX(03)3818-5514

発行所 株式会社 東信堂

published by TOSHINDO PUBLISHING CO., LTD.
1-20-6, Mukougaoka, Bunkyo-ku, Tokyo, 113-0023, Japan
E-mail: tk203444@fsinet.or.jp　URL: http://www.toshindo-pub.com/

ISBN978-4-7989-1521-0　C3036

東信堂

日本コミュニティ政策の検証—自治体内分権と地域自治へ向けて（コミュニティ政策叢書1）	山崎仁朗編著	四六〇〇円
高齢者退職後生活の質的創造—アメリカ地域コミュニティの事例（コミュニティ政策叢書2）	加藤泰子	三七〇〇円
原発災害と地元コミュニティ—福島県川内村奮闘記（コミュニティ政策叢書3）	鳥越皓之編著	三六〇〇円
東京は世界最悪の災害危険都市—日本の主要都市の自然災害リスク	水谷武司	二〇〇〇円
故郷喪失と再生への時間—新潟県への原発避難と支援の社会学	松井克浩	三二〇〇円
被災と避難の社会学	関礼子編著	二三〇〇円
豊田とトヨタ—産業グローバル化先進地域の現在	丹辺宣彦・岡村徹也・山口博史編著	四六〇〇円
社会階層と集団形成の変容—集合行為と「物象化」のメカニズム	丹辺宣彦	六五〇〇円
（アーバン・ソーシャル・プランニングを考える・全2巻）		
都市社会計画の思想と展開	橋本和孝・藤田弘夫・吉原直樹編著	二三〇〇円
世界の都市社会計画—グローバル時代の都市社会計画	橋本和孝・藤田弘夫・吉原直樹編著	二三〇〇円
（地域社会学講座　全3巻）		
地域社会学の視座と方法	似田貝香門監修	二五〇〇円
グローバリゼーション／ポスト・モダンと地域社会	古城利明監修	二五〇〇円
地域社会の政策とガバナンス	岩崎信彦・矢澤澄子監修	二七〇〇円
（シリーズ防災を考える・全6巻）		
防災の社会学〔第二版〕—防災コミュニティの社会設計へ向けて	吉原直樹編	三八〇〇円
防災の心理学—ほんとうの安心とは何か	仁平義明編	三二〇〇円
防災の法と仕組み	生田長人編	三二〇〇円
防災教育の展開	今村文彦編	三二〇〇円
防災と都市・地域計画	増田聡編	続刊
防災の歴史と文化	平川新編	続刊

〒113-0023 東京都文京区向丘1-20-6　TEL 03-3818-5521　FAX03-3818-5514　振替 00110-6-37828
Email tk203444@fsinet.or.jp　URL:http://www.toshindo-pub.com/

※定価：表示価格（本体）＋税

東信堂

オックスフォード キリスト教美術・建築事典	P&L・マレー著 中森義宗監訳	三〇〇〇〇円
イタリア・ルネサンス事典	J・R・ヘイル編 中森義宗監訳	七八〇〇円
美術史の辞典	P・デューロ他 中森義宗・清水忠訳	三六〇〇円
涙と眼の文化史—中世ヨーロッパの標章と恋愛思想	徳井淑子	三六〇〇円
青を着る人びと	伊藤亜紀	三五〇〇円
社会表象としての服飾—近代フランスにおける異性装の研究	新實五穂	三六〇〇円
書に想い 時代を読む	河田悌一	一八〇〇円
日本人画工 牧野義雄—平治ロンドン日記	ますこ ひろしげ	五四〇〇円
美を究め美に遊ぶ—芸術と社会のあわい	江藤光紀 荻野厚志 田中佳 編著	二八〇〇円
バロックの魅力	小穴晶子編	二六〇〇円
新版 ジャクソン・ポロック	藤枝晃雄	二六〇〇円
西洋児童美術教育の思想—ドローイングは豊かな感性と創造性を育むか?	要真理子 前田茂 監訳	三六〇〇円
ロジャー・フライの批評理論—知性と感受性の間で	要真理子	四二〇〇円
レオノール・フィニ—境界を侵犯する新しい種	尾形希和子	二八〇〇円

(世界美術双書)

バルビゾン派	井出洋一郎	二〇〇〇円
キリスト教シンボル図典	中森義宗	二三〇〇円
パルテノンとギリシア陶器	関隆志	二三〇〇円
中国の版画—唐代から清代まで	小林宏光	二三〇〇円
象徴主義—モダニズムへの警鐘	中村隆夫	二三〇〇円
中国の仏教美術—後漢代から元代まで	久野美樹	二三〇〇円
セザンヌとその時代	浅野春男	二三〇〇円
日本の南画	武田光一	二三〇〇円
画家とふるさと	小林忠	二三〇〇円
ドイツの国民記念碑—一八一三年—一九一三年	大原まゆみ	二三〇〇円
日本・アジア美術探索	永井信一	二三〇〇円
インド、チョーラ朝の美術	袋井由布子	二三〇〇円
古代ギリシアのブロンズ彫刻	羽田康一	二三〇〇円

〒113-0023 東京都文京区向丘 1-20-6　TEL 03-3818-5521　FAX03-3818-5514　振替 00110-6-37828
Email tk203444@fsinet.or.jp　URL:http://www.toshindo-pub.com/

※定価：表示価格（本体）＋税